Horst Wosnek

Kreuzen?
Geht nicht!

Ein Leichtgewicht auf Ostseetörn

Delius Klasing Verlag

Die Deutsche Bibliothek – CIP-Einheitsaufnahme

Wosnek, Horst:
Kreuzen? Geht nicht!: ein Leichtgewicht auf Ostseetörn/Horst Wosnek.
– 1. Aufl. – Bielefeld: Delius Klasing, 2000
ISBN 3-7688-1164-6

1. Auflage
ISBN 3-7688-1164-6
© by Delius, Klasing & Co. KG, Bielefeld

Schutzumschlaggestaltung: Ekkehard Schonart
Illustrationen (einschl. Titelmotiv): Friedrich Vogel
Satz: Fotosatz Habeck, Hiddenhausen
Druck: Clausen & Bosse, Leck
Printed in Germany 2000

Delius Klasing Verlag, Siekerwall 21, D-33602 Bielefeld
Tel.: 0521/559-0, Fax: 0521/559-113
e-mail: info@delius-klasing.de
http://www.delius-klasing.de

Inhalt

Prolog

Bomber & Paganini Sailing Tours stellen sich vor –
Einmal im Leben –
»Das schwierigste Segelrevier der Welt«

Langsam entfaltet der Rotwein im Glas seine Blume und beginnt, Art, Umfang und Richtung meiner geistigen Drehzahl zu bestimmen. Vor mir liegt ein Haufen Dias, die alle darauf warten, wieder einmal betrachtet zu werden: Bilder vom Boot, von »Le Motör«, vom Segeln unter blauem und unter grauem Himmel, die Riesenaufnahme einer Bierdose, Marke Lindener Spezial. Ölzeug, Ausrüstungsgegenstände, Schwimmwesten und Signalmittel sind perfekt verstaut im Regal zu sehen, die »transpirative Funktionsunterwäsche« duftet auch in der Erinnerung nicht nach Aprilfrische. Meine Gedanken beginnen zu kreisen und gehen zu dem Tag zurück, an dem die Idee zu unserem Törn geboren worden war.

Anderthalb Jahre vor unserem denkwürdigen Trip hatten mein alter Kumpel Bomber und ich beschlossen, uns endlich wieder einmal einen »richtigen« Urlaub zu gönnen, also nicht so etwas Alltägliches. Die Idee entwickelte sich – wie könnte es auch anders sein – beim Bier. Genauer: Weihnachten 1991, exakt am 24. 12., planten wir beim alljährlichen Weihnachtsfrühschoppen in den heimatlichen rheinländischen Gefilden, im Frühjahr des folgenden Jahres »irgendwie eine Tour zu machen«.

Doch die Ereignisse überschlugen sich, Bomber wechselte kurzfristig seinen Studienort von Kiel nach Aachen und ich steckte ebenfalls mitten in der Arbeit. Also verschoben wir zwangsweise unseren Urlaub erst einmal.

Mangels ausreichender und passender Freizeit verging dann auch 1992 ferienlos. Irgendetwas kam immer dazwischen. Doch Frühjahr 1993 war Stichzeit. Der Termin stand. Jedenfalls solange, bis Bomber in einer verregneten Nacht versuchte, mit einem handelsüblichen Fahrrad nach einer arbeitsreichen Nachtschicht in den hauseigenen Fahrradkeller zu fahren.

Leider gab es da eine widerspenstige Stahltür und die Bremsen am Rad waren wohl auch nicht ganz wach. So knallte er kamikazeartig mit seinem Schädel gegen das Hindernis und beulte es entsprechend ein. Bomber hatte aber Glück im Unglück, er kam mit zwei mehrwöchigen Krankenhausaufenthalten davon. Während meines Genesungsbesuches einigten wir uns – urlaubsmäßig – auf den Herbst des Jahres. Endgültig.

Es sollte ein Urlaub werden, bei dem so richtig die Post abgeht, soweit waren wir uns einig. Das hatten wir schon während unserer gemeinsamen Schulzeit praktiziert. Das Ziel musste mit dem Auto leicht erreichbar sein, das Ganze durfte nicht minutiös wie eine Pauschalreise durchorganisiert werden und vor allen Dingen hatte das Land unserer Wahl eine hohe Blondinenquote zu garantieren. Man hat eben seine Prioritäten.

Wer im rheinischen Grenzgebiet aufwächst, kennt Holland wie seine Westentasche. Spanien, Schweden oder Italien sind zu weit weg, Berge (gleich hinter Köln in Richtung Süden) machen blöd, und überhaupt. In Dänemark sind alle Mädels blond...

Aufgrund unserer absolut objektiven Ausscheidungskriterien, unserer Kontakte und Erfahrungen erhielt Dänemark nach langer Beratung wieder einmal den Zuschlag. Und irgendwann entschieden wir uns dann auch fürs Segeln. Also blieb die ganze Planung an mir hängen. Ich gebe ehrlich zu, dass es mich ungemein reizte, eine *B&P Tour* in die Tat umzusetzen: Bomber und Paganini im Urlaubsparadies. Die groben Vorgaben: Hinsegeln – Joy & Fun – Zurücksegeln. Dazwischen ein paar total entspannte Tage, wenn auch vielleicht nicht ganz so entspannt wie damals in Kolding, wo ich mich nach einem Discobesuch im

Auto abgelegt hatte und von Bomber morgens um fünf mit den Worten geweckt wurde: »Eh, Paganini, ich hab 'ne Wohnung für uns, da können wir duschen, spachteln, pennen. Schmeiß den Motor an und fahr uns nach!« Die Dame war blond, so viel bekam ich in meinem duhnen Kopf noch mit.

Unsere Kurztrips fanden damals mit dem Wagen statt, das Boot wurde bei Bedarf dahintergehängt und ab ging's. Mein Volvo 244 GLT, der schnellste Elch der nördlichen Hemisphäre, war bei unseren Spontantouren Wohn-, Schlaf- und Esszimmer zugleich – ein Auto zum Leben, wir hatten alles dabei! Gekocht wurde auf einem in Dänemark erstandenen Gaskocher der soge-nannten Zweiten Generation, denn die erste Generation war uns um die Ohren geflogen. Es handelte sich um einen GAZ-Kartuschenkocher einfachster Ausführung. Die Kartusche musste lediglich untergeklemmt werden, der Rest war dann angeblich ganz einfach. Das glaubten wir selbstverständlich. Jedenfalls solange, bis wir Hunger bekamen.

Wir hatten meine Jolle und das Auto schon nachtfertig geparkt und wollten uns auf unserem nagelneuen Kocher eine warme Suppe machen. Fluch der Technik, es ging nicht. Kartusche und Kocher wollten einfach nicht aufeinander. Zumindest nicht so, dass man damit kochen konnte. Zuge-geben, nach unzähligen erfolglosen Versuchen wurde es auch verflixt schwierig, sich neue Steckvarianten einfallen zu lassen. Irgendwann war es dann doch soweit und der Dorn des Kochers bohrte sich in die Kartusche. Man konnte es deutlich am Zischen des ausströmenden Gases hören. Bevor wir aber irgend-etwas unternehmen konnten, war die Kartusche so leer wie unsere Mägen. Aha!

Der zweite Versuch wurde nach reiflichen Überlegungen, unterstützt von Beck's aus der Dose, ein voller Erfolg. Kartusche und Kocher schienen einträchtig aufeinander zu hocken und bildeten optisch eine harmonische Einheit. Nichts zischte, alles blieb ruhig. Es sah sehr professionell aus. Nach dem Anzünden war die Flamme allerdings etwas höher als erwartet, fast anderthalb Meter höher. Das wich von dem idyllischen Bild auf der Packung ab. Ich hatte leicht angeschwärzte Unterarme und Bomber schaffte es gerade noch, das Ding wegzukicken. Der Kochaufsatz flog in die Büsche mitsamt Suppe und Topf und die Kartusche spie Feuer und Flamme, bis das Feuer schließlich unter leisem Fauchen ausging. So kam Bomber zu einem enthaarten Bein. Die Küche blieb an diesem Abend kalt, ersatzweise schlugen wir uns den Bauch mit Dansk Pölsern an einer Pölserbude voll.

Anderntags sprachen wir hungrig, verschlafen und verkatert in dem Laden vor, in dem wir den unglückseligen Kocher gekauft hatten. Bomber trug eine kurze Hose, sodass sein enthaartes, angekokeltes Bein deutlich sichtbar war, und ich lehnte mit aufgekrempelten Hemdsärmeln lässig an der Theke. Die leichten Verbrennungen waren nicht zu übersehen und das vernichtende Werk des gemeinen Kochers war auch ohne Sprachkenntnisse erkennbar.

Verständnisvoll lauschte die freundliche, selbstverständlich blonde Verkäuferin unseren präzisen Ausführungen in Form von international einleuchtenden Gesten und versprach voller Mitleid, unseren brutalen Kocher umzutauschen. Aber im ganzen Laden war kein gleichwertiges Modell zu finden. Ausverkauft. So erhielten wir schließlich das leistungsgesteigerte Modell mit Piezo-Zündung, die sogenannte Zweite Generation, eine Wegbeschreibung zur nächsten Apotheke und ein paar mitfühlende Worte. Am Ausgang kamen wir an einem Werbefoto unseres alten Kochers vorbei. Wir hätten doch die

Gebrauchsanweisung lesen sollen, das Prinzip war eigentlich ganz einfach...

Das Leben auf diesen Touren hatte jedenfalls seinen Reiz. Wir wurden zum Beispiel immer erfinderisch, wenn es um die Hygiene an Bord des »Elches« ging. Irgendwann lechzt schließlich jeder Körper nach einer Dusche. Der Spruch »Heute bleibt die Dusche kalt – scheißegal, dann stink' ich halt!« war nicht unsere Devise. Als Segler folgt man in einem solchen Fall seinem natürlichen Urinstinkt und findet garantiert einen Yachthafen, der über entsprechende Einrichtungen verfügt. Kein Problem. Nur in Århus wollte das Prinzip nicht so ganz hinhauen. Es war frühestes Frühjahr und der Yachthafen befand sich im Umbau, also sahen wir uns erschwerten Bedingungen ausgesetzt. Es gab einfach keine Duschen, keinen Hafenmeister, den man danach hätte fragen können. Auch keine öffentlichen Sanitäranlagen im Hafen. Doch es war Samstagnachmittag und wir mussten uns für den Besuch in der örtlichen Disco präparieren. Nach ellenlanger Suche fanden wir einen Bauwagen. Der war beheizt, leer und hatte saubere Duschen. Als wir gerade fertig waren und unsere Sachen ins Auto packten, kamen die dazugehörigen Bauarbeiter und sahen sich mit einem entleerten Boiler konfrontiert. Das bedeutete: Kaltes Wasser, also Pech für sie, Alarmstart für uns, gehetzt von einer Meute wütender Gestalten.

Segelerfahrungen hatten wir im Land des »Faxe Fad«, dem wohl bekanntesten dänischen Bier, und der Blondinen selbstverständlich auch einige gesammelt. So waren Bomber und ich unmittelbar nach der Totalrestaurierung meiner Jolle am Limfjord gelandet. Der Stapellauf wurde durch riesige Killermücken verhindert, die sich auf alles setzten, was in der Sonne blinkte. Ein paar Kilometer weiter klappte aber ein mückenfreies Einsetzen, auch wenn wir erst einmal mit dem Boot an der Hand hunderte von Metern über eine Untiefe waten mussten. Dann: Segel hoch und ab nach Thysted. Das Boot lief wunderbar. Zufrieden wollten wir einen kleinen Zwischenstopp im Hafen einlegen. Nach dem Passieren der Einfahrt entdeckten wir auf der Kaimauer schräge Gestalten und jugendliche Abhänger ohne Ende, alle mit mindestens einer Dose Bier in der Hand, überschlagsmäßig insgesamt gut für rund tausend Jahre Bau, die Straftaten der Flöhe nicht eingerechnet. Egal. Unser Anleger erweckte Beifall, er war wohl verflixt gut. Keine Ahnung, warum. Das Verholen des Kahnes zu einem anderen Steg geriet dann aber zum Lustspiel. Die Leine, die ich Bomber zuwarf, schien immer genau einen halben Meter zu kurz zu sein. Nach dem zehnten Versuch grinste schon jeder Zweite auf den Mauern. Dann klappte es, doch komischerweise grinsten die Figuren immer noch. Schließlich entdeckte ich den Grund der allgemeinen Heiterkeit: Bomber und ich hatten an einem Steg festgemacht, der nur aus Entenschiet zu bestehen schien. Peinlich, sehr peinlich. Wir tarnten uns unauffällig mit Sonnenbrillen und einem »Faxe Fad«. Dank des Guanos war es »sehr fad« und entwickelte einen eigenartigen Geruch.

Die Nummer in Skive war auch nicht schlecht. Wind gut, Wellen gut, wir fahren zum Hafen, die Jolle hintendran. Ich spüre schon, wie das Boot auf der Welle abgeht, also nichts wie raus.

Während wir den Mast stellen, brist es auf. Eine halbe Stunde später bläst es dann auch im geschützten Hafen ganz nett und wir sind segelfertig. Schnell kommen wir aus dem durch eine Mole abgedeckten Bereich heraus. So weit, so gut. Plötzlich haut uns eine Bö kräftig auf die Seite, wir können das Boot gerade noch abfangen und ausreiten.

Bevor ich mich umsehen kann, schießt Bomber eine vorsichtige Frage ab: »Sag mal, Paganini, die Wolkenwand dahinten war aber gerade noch nicht da. Muss die so sein?«

Als Skipper sollte man diesen dezenten Hinweisen der Crew immer unauffällig nachgehen. Und so bemerke ich, wie sich von Backbord eine dunkle Wand mit ungeheuerlicher Geschwindigkeit über den Himmel schiebt. Einhellige Feststellung: zurück zum Hafen, Bier statt Blitze! Heftige Fallböen, das erste Lichterzucken. Trotzdem macht die Mordsgeschwindigkeit, mit der wir in den Hafen zurückdüsen, einen Riesenspaß.

Im Hafen bekommt Bomber beim Anlegen den Steg zu fassen, hält sich fest und fängt an, seinen Körper aus dem Boot zu bewegen. Ich hänge mit merkwürdigen Verrenkungen fast kopfüber im Rumpf, bastele gerade irgendwo am Schwertkasten und bekomme beiläufig mit, dass irgendetwas rauscht und der Bug sich leicht anhebt. Das Boot will sich wohl auf seine eigene Bugwelle schieben. Und der Fockaffe fehlt! So sind manche Vorschoter eben: dumm, faul, nach Puma stinkend und nie da, wenn man sie braucht. Wo steckt der verdammte Kerl bloß? Schon ist das Hafenbecken fast zu Ende und ich kriege den Kahn mit einer Art Powerslide gerade noch abgedreht, bevor ich auf die Mole knalle. Bomber, dem das Boot versehentlich aus der Hand gerutscht war, steht am Kai und lacht sich tot. Kaum an Land, können wir nach einem heftigen Platzregen das Schiff gleich wieder einpacken – der Wind ist weg. Der Hafenmeister nahm uns keine einzige Krone für das Ein- und Ausslippen ab. Er meinte, dass sich die Slipgebühr für eine halbe Stunde Segelei nicht lohnen würde.

Und jetzt sollte es also mit einem Boot wieder losgehen. Die Jolle schien mir allerdings für diesen Urlaub nicht geeignet. So grübelte ich nach einer Lösung, während Bomber rekonvaleszierte. Und irgendwann kam mir die Erleuchtung, dass ich zwei Fliegen mit einer Klappe schlagen konnte: Ich erfülle mir den langgehegten Traum vom Trip mit Ulf D. (hier immer mit seinem richtigen Namen »Bomber« genannt) und leihe mir dazu das Boot eines anderen Freundes, nämlich das von Ulf B. und seiner Frau. Auf diesem Boot könnten wir in Dänemark bequem pennen, kochen und leben. Leider hatte es einen kleinen Schönheitsfehler: Länge über alles fünf Meter vierzig. Typ: Klepper Fam. Doch das würde für uns nicht von großer Bedeutung sein. Hauptsache: segeln.

So einen extremen Kleinstkreuzer-Törn hatte ich eigentlich schon immer angepeilt. Mit dem Jollenkreuzer – das hat was. Segeln kann schließlich jeder, Meilen hatte ich auf anderen Schiffen schon zuhauf abgerissen, aber so ein idiotisches, bekloppes Ding macht man nur einmal im Leben, dann hat man es im wahrsten Sinne des Wortes hinter sich. Zugegeben: Eigentlich scheint es ja ziemlich absurd, zehn bis vierzehn Tage lang auf so engem Raum zu hausen und zu segeln, auf einem Schiff, das für Binnengewässer konzipiert ist. Und dann auch noch im Herbst. Eine ausgefallene Sache, kein gewöhnlicher Törn jedenfalls.

Argumente pro und contra wechseln sich in meinem Kopf ab: Wer bellt, hat verloren in dieser kleinen Hundehütte, das hält kein Mensch aus! Schließlich ist – laut Deutschlands führenden Segelzeitschriften – ein Schiff eigentlich nur dann für die Ostsee tauglich, wenn es neben einer respektablen Länge von mindestens zehn Metern auch Radar, Waschmaschine und Schäkelaschenbecher mit kombiniertem

Fernseher und integriertem Drinkmixer vorweisen kann. Wer richtig segeln will, braucht viel Gerät! Außerdem scheint es für einen Deutschen völlig untypisch, mit einem »Etwas« zu segeln, das nichts, aber auch gar nichts hermacht. Schon gar nicht auf der Ostsee. Vielleicht eher noch auf der Nordsee. Das Revier ist härter, es fordert generell eine hohe Seemannschaft und verlangt Talent und fachliches Können vom Skipper. Kurz gesagt, der Unterschied scheint manchmal darin zu bestehen, dass der gemeine Ostseesegler seine Schwimmwesten farblich passend zum Bootsdesign bestellt, während der Nordseesegler sein Ölzeug mit einem Streifen alten Kevlar-Tuches repariert. Es braucht fast nicht erwähnt zu werden, dass das Tuch von einem Segel stammt, das ihm irgendwann einmal um die Ohren geflogen ist.

Mit der Fam wären wir also auf der Ostsee schon rein optisch maritime Sozialschwächlinge, segelndes Proletariat, Ausgeflippte, dank der Enge des Schiffes stark riechende Figuren. Ich entschloss mich stante pede für den Jollenkreuzer. Motto: »Einmal im Leben...« Ulf B. und ich wurden uns schnell handelseinig. Er würde mit mir die Plastikschachtel in Steinhude aus dem Wasser holen und ich sie nach getaner Reise »geschnitten oder am Stück« wieder abliefern. Sie zu entrümpeln und seefest zu machen wäre mein Job, er wollte mir lediglich beim Slippen helfen. Selbstverständlich versprach ich, dass das Schiff behandelt würde wie das eigene.

Ulfs Fam ist mehr als vierzehn Jahre alt und in einem relativ brauchbaren Zustand. Die Länge über alles beträgt, wie schon erwähnt, fünf Meter vierzig, der Kahn hat eine Breite von zwei Meter fünf sowie einen variablen Tiefgang von einem Meter vierzig bis keinen Meter dreißig, die Segelfläche am Wind misst fünfzehn Komma zwei Quadratmeter. Name: *Moppel*, der Spitzname des Eigners, der sich angeblich genau wie sein Schiff überall durchmoppeln soll. Soweit die technischen Daten.

Ein 1982 veröffentlichter Text aus »Klasings Bootsmarkt« spricht für sich: »Verbreiterter Familien-Backdecker« (ich habe keinen einzigen vergleichbaren Kahn an der Küste gesehen), »über Spiegel selbstlenzend« (das Heck taucht weg, also kann das Wasser rein theoretisch auf der Schräge ablaufen), »DSV-nationale Klasse« (na schön, es gibt allein in Steinhude genügend Eigner, die ihr Schmuckstück mit Krams ausgebaut haben, als müssten sie eine Weltreise machen), angeblich »unsinkbar« (wir wären im Falle eines Falles mit an Sicherheit grenzender Wahrscheinlichkeit die Ersten, die sich vor Ort davon überzeugen können). »Mit einem Boot aus diesem abgerundeten Programm verwöhnen Sie sich und Ihre Familie.« Es blieb offen, wo das Verwöhnen der Familie anfängt: beim Einsteigen oder beim Aussteigen.

Die Klassenvereinigung hat außerdem noch einen besonderen Leckerbissen auf Lager: Der Plural von Fam heißt Famas. Was es nicht so alles gibt...

Hat man endlich ein Boot, plant sich die Segelei doch einfacher. Ich stieg also konkret in die Vorbereitungen ein. Rechnete zunächst grob die Kosten. Mit allem Komfort, Übernachtungen in den teureren Häfen, einer erheblichen Sicherheitsreserve für Schiff, Betriebskosten und Sprit für das Auto sowie einer Lebensmittelpauschale von DM 15.- am Tag pro Person müsste jeder für vierzehn Tage so um die DM 600.- zahlen, Taschengeld inklusive. Ein guter Preis, samt einkalkulierter Regentage, wenn man beim Indoor-Sightseeing schnell zwei oder drei Biere auf der Kneipenrechnung hat.

Es gab jedoch schwierigere Probleme zu bedenken. Bomber ist, nüchtern betrachtet, kaum mehr als ein angebrüteter Anfänger, das Boot ist klein, der Motor nicht gerade üppig und die Jahreszeit versprach nach dem vermurksten Sommer auch kein gutes Wetter. Es sollte wechselhaft werden, mit Gewitterböen gespickt. Es standen uns also vermutlich einige Tage bevor, an denen man wegen des Regens besser durch Kiemen atmet. Doch nachdem der Anfang gemacht war, gab es kein Zurück mehr.

Ich kalkulierte alle möglichen Distanzen im Schnitt mit einer Durchschnittsgeschwindigkeit von drei Knoten. Mehr ist für einen kleinen Kreuzer unrealistisch. Als Ausgangshafen kam nur ein Hafen in der Nähe der Bundesgrenze infrage, sonst würde der Transport mit Auto und Trailer zu teuer. Außerdem wollten wir segeln und nicht die in- und ausländischen Autobahnen besichtigen. So entwarf ich schließlich vier realistische Alternativen, die Spaß bringen konnten und machbar erschienen.

Die erste Möglichkeit war ein Trip nach Seeland, Start in Kerteminde. Vielleicht *un peu de* Rosskildefjord. Allerdings wären Bomber und ich dann komplett an den Großen Belt und an Kerteminde gefesselt, da wir dieselbe Strecke wieder zurückdaddeln müssten. Weiter, also rund Seeland, wäre bei einem so knappen Zeitkontingent mit unserer Luxusyacht illusorisch. Wenn man noch mit schlechtem Wetter rechnen muss und der Motor nicht so ganz der »Bringer« ist... Auch schlafen wir morgens lieber etwas länger und jeden Tag achtzehn Stunden nonstopp mit der Fam durch die Wellen zu knüppeln wäre nervtötend. Wir haben Urlaub!

Die zweite Variante sah einen Start hinter der deutsch-dänischen Grenze vor, dann mit dem Wind Richtung Norden, frei nach dem Motto »Mal sehen, wie weit wir kommen«. Ziel könnte Århus sein. Problematisch wäre nur, dass wir am Törnende Auto und Trailer wieder abholen müssten. Nicht gerade verlockend, zumal sich das Leben lediglich auf die größeren Städte konzentrieren würde. Mehr ein Törn für Landnasen.

Alternative drei war ein Inselhopping durch die sogenannte dänische Südsee. Eigentlich eine Sache von »No risk, viel Fun«, sogar für ein kleines Boot relativ ungefährlich, mit abwechslungsreicher und äußerst reizvoller Landschaft. Mit unserem variablen Tiefgang könnten wir auch alle kleineren Inseln anlaufen. Nachteilig wäre, dass wir bei schlechtem Wetter in irgendeiner Ankerbucht festsitzen oder bei der Überquerung eines Flachs von Schlechtwetterfronten überrollt werden könnten. Außerdem ist dieses Inselhopping nicht mit dem erhebenden Gefühl verbunden, »etwas geschafft zu haben«.

Die letzte Route lautete »Rund Fünen«. Vollkommen idiotisch, mit so einem Kleinstgerät, vor allem, wenn die Zeit knapp ist. Und erst recht Ende September, Anfang Oktober. Die Herbststürme lassen grüßen, das Wetter ist wechselhaft. Hier saß die Herausforderung!

Trotz der weitgehend kalkulierbaren Risiken ist ein Törn mit einem kleinen Boot im Norden Fünens anspruchsvoller zu segeln – je nach Wind und Wetter. Navigatorisch ist wenig Spannendes dabei, die Navi relativ simpel und man kennt mittlerweile »eh alles aus dem Kopp«. Organisatorisch betrachtet könnten wir die Insel, falls die Zeit nicht reichen sollte, relativ rasch mit den öffentlichen Verkehrsmitteln durchqueren und den Trailer holen. Rechts oder links herum? Eine Wetterfrage. Ich berücksichtigte auch, dass Bomber die »Südsee« noch nicht kannte und mit einer entsprechenden Route wäre es klasse, den Törn in Svendborg, der kneipenreichsten Stadt Fünens, ausklingen zu lassen. Also: Im Uhrzeigersinn um Fünen herum, das gibt das richtige Feeling.

Bomber, der noch nicht ahnte, was auf ihn zukam, erhielt von mir eine detaillierte Zwischeninfo, eine Broschüre vom dänischen Fremdenverkehrsamt und eine Karte mit Overlays für alle Routen. So konnte er sich alles in Ruhe ansehen und »mitentscheiden«. Das gibt der Crew stets ein Gefühl von Mitverantwortung und erzeugt ein positives Bordklima, auch wenn ihre Meinung der Schiffsführung schlichtweg und durchgehend gestohlen bleiben kann. Zeitgemäße demokratische Schiffsführung an Bord heißt, Entscheidungen im Sinne des Skippers so zu verkaufen, dass jeder glaubt, er hätte was zu sagen, obwohl das Ergebnis des Entscheidungsfindungsprozesses längst feststeht. Erwachsene Menschen mutieren an Bord grundsätzlich zu großen Kindern, dem muss man Rechnung tragen. Oder hat jemand schon einmal eine Gruppe »vernünftige Segler« gesehen? Wo eine Crew geschlossen auftritt, werden ausnahmslos ziemlich krasse Sitten und Verhaltensweisen sichtbar. Aber: Hauptsache glücklich!

Bomber hinterließ eine Nachricht auf meinem Anrufbeantworter. Zusammengefasst bedeuteten die zwanzig Minuten Redefluss: »Karte aufgehängt – stopp – Rund Fünen steht – stopp – Viele Grüße – stopp – Bomber!«

Ich besorgte die aktuellen Seekarten, das letzte Wort würde allerdings das Wetter sprechen, bis auf – wusste Bomber überhaupt, worauf er sich da einließ?

Ich rief in Aachen an. »Ja, also, das ist kein Segeln wie sonst so, das ist auch nass, nicht so ein bisschen, sondern richtig. Und naja, das Boot ist klein, das Meer ist groß! Wir werden da so unsere Schwierigkeiten haben, mit Wellen, räumlicher Enge –

weißt du, wie meine Socken schmecken? Kriegst du deine Füße hinter die Ohren – die eigenen, wohlgemerkt?«

Bomber versicherte, dass das alles kein Problem wäre.

Also legte ich noch einen drauf:»Kennst du *Teermann*? Die *Apollonia*-Affäre? Bei der Fam kannst du beim Krängen durch das Fenster Fische angucken.« Ich wurde pathetisch:»Jede Welle gehört dir und trägt deinen Namen!« Und weiter:»Was ist mit einem sogenannten Bordkoller? Keine Angst vor tief fliegenden Sachen? Kannst du dich umziehen, während gleichzeitig der Hintern vom Gaskocher verbrannt wird?«

Er reagierte gelassen:»Hauptsache, mein Bier kippt nicht um.«

»Bomber, mit dem Beiboot sind wir der kleinste Pott im Hafen. Kein Klo, kein Komfort, kein aufrechtes Sitzen.«

Am Ende der Warnungen erklärte Bomber, dass er sich gut vorstellen könne, mit dem Kopf auf einer Palette Bier zu pennen:»Alles im grünen Bereich.« Sein letzter Satz:»Segeln ohne Boot ist Scheiße!«

»Okay, aber sag nicht, ich hätte dich nicht gewarnt.«

Er kennt die Fam nicht, gut für ihn. Und dann gab es natürlich noch die Sicherheitsbedenken. Den Kahn kann man nachkaufen, Besatzungsmitglieder sind Unikate.

Ich ging davon aus, dass ich den Pott weitgehend alleine fahren muss, bis sich eine Art Bordroutine eingespielt hat. Für Bomber war so eine Tour etwas völlig Neues, er kannte bis dato nur die Flitzerei mit Jollen auf dem Rhein oder auf der sommerlichen Ostsee. Jollenheizerei und Jollenkreuzer-Streckensegelei sind aber verschiedene Welten. Lange Schläge und konzentriertes Segeln fördern die Ermüdung. Mit der Jolle ist man weg und pausiert einfach, wenn es kachelt oder die große Müdigkeit kommt. Einen vierhundert Kilogramm schweren Jollenkreuzer mit der entsprechenden Zuladung von Mensch und Material einfach auf den Strand zu setzen, um eine Gewitterfront durchlaufen zu lassen, ist bei Welle nicht »mal eben« zu machen. Kentern ist äußerst riskant, ohne Motorhilfe kriegt man den Kahn nicht wieder in die vom Konstrukteur vorgesehene Schwimmlage. Und einmal vollgelaufen würde das Boot unter unseren Füßen wegsacken wie die *Titanic*.

Durfte ich Bomber einfach allem so aussetzen, was da zu erwarten war? Als Anfänger in Sachen Kajütbootsegeln hätte er erst einmal ein paar Törns auf einem »richtigen« Schiff verdient. Im Gegensatz zu allen anderen Katastrophen, die er seglerisch erlebt hatte, würden wir diesmal nicht nach vier Stunden wieder an Land sein, mit fester Unterkunft oder ausreichend trockenem Platz. Andererseits ist auf Bomber mehr Verlass als auf einen Haufen Segelscheininhaber, das weiß ich seit unserer gemeinsamen Schulzeit. Das Problem schien also weitgehend kalkulierbar. Doch auch die Enge könnte für einigen Wirbel sorgen – es soll ja die tollsten Stories von Leuten auf kleinen Kähnen geben. Ich hatte Ungeheuerliches von Beziehungen oder Freundschaften gehört, die kaum mehr als drei Meilen gehalten haben, ganz abgesehen von fliegenden Tellern oder versenkten Klamotten.

Zur Sicherheit schrieb ich Bomber noch einmal alles auf. Schickte noch einmal sämtliche Unterlagen mit, die Routenplanung, diverse Zweifel, eine Distanztabelle und die Kostenaufstellung. Auch machte ich mir Gedanken über die Ausrüstungsliste. Es fehlt so einiges. Die Fachsimpelei mit den Kollegen Segellehrern am heimatlichen Teich brachten erstaunliche Tipps.

»Also, zu machen ist das, keine Frage.« – »Nimm dir 'ne Kabeltrommel mit.« Statt Vorleine? – »Du brauchst Strom für 'nen Heizlüfter, der ist schon klasse um diese Jahreszeit, man wird morgens schneller warm.« Mann, o Mann, da wird eben eine Zwiebel mehr ins Abendessen geschnitten und die Wärme kommt automatisch in die Penntüte. – »Kaffeemaschine, spart morgens Zeit!« Glaubt der, ich habe einen Dachgepäckträger für all den Mist? Erstaunlich war immer wieder die Argumentation der Sicherheitsapostel und Bedenkenträger : »So ein Schiff schwimmt doch nicht so einfach in der Ostsee!« – »Unter achtundzwanzig Fuß kann man auf der Ostsee nicht segeln,« Gehen kleine Pötte da einfach unter oder gibt es ein Riesenmonster, das kleine Schiffe in die Tiefe reißt? – »Die Ostsee ist das schwierigste Segelrevier der Welt!« Dann sind neun Meter Tidenhub in der Bretagne wohl eine Lachnummer? Wenn alle Entdecker so drauf gewesen wären, dann würden heute im Hamburger Hafen immer noch Glasperlen für Eingeborene verladen.

Ich entdeckte natürlich das Geheimnis dieser Miesmacher, die an der Theke schon gigantische Stürme abgewettert haben: simpler Neid.

Beim Stöbern in einer Buchhandlung fiel mir Wilfried Erdmanns Buch »Mein grenzenloses Seestück« in die Finger. Er beschreibt darin einen Schwertzugvogel-Törn von Schleimünde über die Ostsee nach Mecklenburg-Vorpommern und nahm mir durch seine positive und objektive Darstellung sowie einigen Tipps die Scheu, mit einem Anfänger als Crew und einem lütten, mickrigen und simplen Jollenkreuzer im Herbst loszuheizen und den für die Jahreszeit und diese Umstände nicht ganz so einfachen Trip zu starten. Ich habe zwar bei weitem nicht Erdmanns Erfahrung und so viele abgerissene Meilen, aber ich war nun davon überzeugt, dass Bomber und ich es schaffen konnten.

Die letzten Ausrüstungsgegenstände wurden besorgt. Eine neue MagLite, Petroleumfunzeln, Batterien, Sound, Kompass, noch ein NICO- Signal, eben alles, was man so für ein kleines Boot braucht. Alle Gegenstände an Bord müssen simpel, sehr klein und idiotensicher zu handhaben sein und dürfen fast nichts wiegen. Unter der Prämisse »Speed durch Gewichtsersparnis« will alles durchdacht sein, vom Kochen über Sicherheit bis zum WC-Gang auf dem Wasser. Statt zwei Toilettenpapierrollen wird eben nur eine mitgenommen, zum Segeln gibt es weniger Klamotten als in eine kleine Tasche passen. Mehr als ein Satz Landgangszeug ist auch nicht drin.

Meine Segelkleidung bestand folgerichtig fast ausschließlich aus Funktions(unter)wäsche, die wärmt auch in nassem Zustand, trocknet schnell und kann von Hand gewaschen werden, wenn der Gestank zu aufdringlich wird. Die Zahl der persönlichen Klamotten hatte ich immer weiter reduziert, es blieb weitaus weniger, als ich auf der letzten Kieler Woche mithatte: eine kleine Tasche inklusive Schlafsack. Dennoch füllte sich meine Wohnung mit all den Ausrüstungsgegenständen wie eine Lagerhalle.

Die letzten Gedanken beim Feierabend-Bier kreisten um die Seemannschaft. Segeln bei Welle, praktikables Reffen, kurz, alles das, was auf dem Wasser sicher klappen muss. Mein Ziel war es, das Boot möglichst alleine handhaben zu können. Auch überlegte ich Alternativen für schweres Wetter und Möglichkeiten, dann schnell einen brauchbaren Unterschlupf zu finden. Im alleräußersten Fall müsste das Boot auf den Strand gezogen werden.

Im Laufe der Vorbereitung stellte sich heraus, dass ein entfernter Bekannter ebenfalls einen Fam-Törn auf der Ostsee, nämlich rund Rügen, gemacht hatte, allerdings im Sommer. Ich wurde vor allem anderen vor deutschen Seglern gewarnt. Die Frage, ob sie kein Geld für ein »anständiges« Schiff übrig hätten, wurde der Crew so häufig gestellt, dass sie zum Schluss des Urlaubs jedesmal ausflippten, wenn so ein »Seh-mann« auch nur den Mund aufmachte. Das Fazit: »Mach nie Urlaub, wo du deutsche Meckerer treffen könntest, die Freude ist sonst hin.« Gerade das ordentliche »Hermachen« scheint für eine bestimmte Spezies des Homo nauticus, der aus unerfindlichen Gründen die Ostsee als Lieblingsrevier auserkoren hat, wichtig zu sein. Mir ist so etwas egal. Nur Bomber würde sich die Sprüche mit Sicherheit näher anhören, vielleicht sogar nachfragen: »Sind wir nun eher maritimer Aussatz oder mehr segelnde Chaoten?« Danach würde ich Bomber möglicherweise davon abhalten müssen, mit dem Bootshaken auf gehässige Fremdlinge einzuschlagen. Sein Messer sitzt lose im Gürtel. In dieser Beziehung ist er natürlich ganz das Gegenteil von mir. Echt ehrlich!

Vor dem Start

Rollenspiele mit dem Trailer –
Der »I O« der SY Moppel – Modenschau in Öl

Irgendwie ging die Zeit bis zum Tag X vorbei. Fünf Tage bis zum Start! Bomber hatte noch eine Ausrüstungsliste erhalten, verbunden mit der Auflage, von allem, was er gepackt hatte, am letzten Tag wieder fünzig Prozent in die Schränke zurückzulegen. Gewicht ist Ballast und Ballast kostet Speed.

Am Sonntag vor dem denkwürdigen Ereignis holte ich mit Maria, der Frau des Eigners, den Trailer aus Cloppenburg. Obwohl es regnete, kamen wir auf der Autobahn gut vorwärts, der Trailer konnte auch höhere Geschwindigkeiten ab. Meine Stimmung war gut. Wenn das Wetter jetzt so saut, dann kann es – statistisch betrachtet – zum nächsten Wochenende nur noch besser werden, dachte ich. Und stellte gutgelaunt den Trailer auf den Hausparkplatz vor meiner Wohnung. Dort würde er relativ sicher stehen, vor Blicken Neugieriger geschützt...

Einen Tag später war die Stimmung auf dem Nullpunkt. Irgendwelche Nasen hatten eine Rolle vom Trailer geklaut. Auf dieser Rolle sollte natürlich das Boot liegen. Zum Glück hatte Ulf B. noch eine Rolle in Reserve. Was die Idioten, die das Ding gemopst haben, wohl mit ihr wollten? Mit der »Aktion Anschrauben« gingen anderthalb Tage drauf, weil die Ersatzrolle erst angepasst werden musste. Jeden Abend knallte ich mich in mein maritimes Sammelsurium in der Hoffnung, unter den aufgetürmten Sachen mein Bett zu finden. Letztendlich wurde es Mittwoch, bevor der Trailer fertig war. Ulf B. und ich düsten mit dem Gespann nach Mardorf am idyllisch verlandeten Steinhuder Meer. In strömendem Regen wurde der Kahn aus dem Wasser geholt. Vollkommen durchnässt fuhren wir zurück nach Hannover und packten die Kiste bei Bekannten auf den Hof.

Am nächsten Tag zeigte die Urlaubskasse ein erstes Leck, da ich meine Kamera von der Reparatur abholte, ohne zu einem Zoom-Objektiv »Nein« zu sagen. Allerdings hat sich die zunächst teure Investition ausgezahlt: Die Bilder wurden toll. Stolz knipste ich probehalber den heimatlichen Tümpel. In klein und in groß. Ein Mensch entdeckt seine Umwelt...

Ulf (der Bomber) hat am Startvormittag die restlichen Sachen auftragsgemäß bei meinen Eltern abgeholt und erreichte Hannover am frühen Abend. Die Wiedersehensfreude war groß, litt aber unter dem Zwang, noch viel erledigen zu müssen. Seine Freundin, die in Hannover arbeitete, half uns beim Verpacken von Mensch und Material. Auch musste Bomber noch Wärmeklamotten und Ölzeug aus meinem Vorrat testen, denn für seinen Neo würde es beileibe zu kalt werden. In Anbetracht der Tatsache, dass Ölzeug generell falsch konstruiert ist, erhielt der arme Bomber zusammen mit meinem Segeloverall noch eine ganze Litanei Ratschläge. Wasserdurchlässigkeit auf der einen und Wasserundurchlässigkeit auf der anderen Seite sind bei den heutigen Textilien manchmal nur schwer unter einen Hut zu kriegen. »Zieh beim Toilettengang den Overall immer aus«, legte ich ihm wärmstens ans Herz, denn ich habe es nicht nur einmal erlebt, dass so ein Overall peinliche, ja sogar allerpeinlichste Spuren zeigte. Ich wollte Bomber auch nicht mit heruntergelassenem Overall im Watschelgang über das Vorschiff hopsen sehen, während er – der Schwerkraft folgend – beim Gang zum Leewant mit seinem maritimen Bremsfallschirm über Bord geht. Deshalb: »Steig nie in deinen Overall, bevor du nicht auf dem Bordklo warst!« Erfahrungsgemäß melden sich die menschlichen Bedürfnisse erst nach dem kompletten Ankleiden. Sollte es dann keine Möglichkeit mehr geben, rechtzeitig aus dem Ölzeug zu kommen, gilt: »Will die Nudel nicht wie du – knote sie doch einfach zu!«

Anschließend beförderte ich Bomber bei Bier und Pizza zum Ersten Offizier der *Moppel*. Er übernahm – ganz freiwillig – auch noch neben dem Job des Zahlmeisters den des Leitenden Ingenieurs und präsentierte stolz sein neues Werkzeug: den Zwei-PS-Außenborder, im Bordjargon »Le Motör« genannt. Kommentar: »So klein und schon ein Motor!« Einen anderen Motor hatten wir nicht, es war auch keiner mehr aufzutreiben. Mehr PS bedeuteten außerdem auch ein Mehr an Gewicht – alte Weisheit: Das kostet Speed. Nun gut.

Der Abend verlief kurz und schmerzlos. Nur ein, zwei Feierabend-Biere mit Bomber und seiner Freundin. Und natürlich einen Haufen Seemannsgarn. Nachdem beide gegangen waren, zirkelte ich noch bis tief in die Nacht mit Karte und Handbuch.

Freitag

Willkommen im Bonsai-Studio – Der lange Weg nach Norden – Das erste Bordfest und Bombers fünf Blondinen

Tag X 06.00 Uhr morgens. Ich hole Bomber bei seiner Freundin ab, nach den letzten heißen Küssen heißt es: Zum Schiff!

Der erste Kontakt des Ersten Offiziers mit seinem Kahn! Das Gesicht von Bomber verrät nichts. Nur etwas schweigsam wird er. Ich kann mir den Grund denken: Willkommen im Bonsai-Studio! Einzig ein langgedehntes »Aha, das ist es also« kommt über seine Lippen. Ich hatte ihn gewarnt!

Wir nehmen das Boot auf den Haken und machen uns vom Hof. Leider ist es ein Fehlstart, denn: »Shit, wir haben die Petrofunzeln vergessen!« Also wieder zurück. Petroleumleuchten einpacken und Fotos von Boot und Crew in der morgendlichen Innenstadt von Hannover schießen. Dann aber nichts wie los! *Full speed* in den Urlaub, doch die Straße ist verstopft und endlose Baustellen schikanieren die Autofahrer ohne ersichtlichen Grund. *Moppel* zuckelt brav hinter uns her. Bomber und ich wechseln uns am Steuer ab, dieses Schneckentempo raubt einem den Nerv! Als Beifahrer nehme ich mir das erste Bier der Fahrt und genieße plötzlich die schöne Gegend. Alles flach, man kann kilometerweit gucken. Interessant, auch der Verkehr, wenn man so mit seinem Bier einfach nur zuschauen kann. Mit den Brummis sind wir in punkto Geschwindigkeit auf du und du, die ziehen uns prima mit und sind bei Überholvorgängen sehr rücksichtsvoll. Einige Autofahrer betrachten uns dagegen als Verkehrshindernis und drängen uns – wohl weil wir relativ zügig fahren – fast vor die Schnauzen der Laster, vielleicht um uns zu »erziehen«. Fast alle starren uns gereizt an, Freitagsstimmung. Irgendwann wird es langweilig und ich schlafe ein. Denn: Nur ein ausgeruhter Skipper kann seine Mannschaft gewissenhaft drangsalieren.

Es ist stockdunkel, als Bomber mich aus meinem Urlaubsnickerchen weckt. Wir parken am Fähranleger von Fynshavn! Das bedeutet, wir sind am Ziel und der Törn kann losgehen. Auf diesen Augenblick haben wir fast zwei Jahre gewartet. Wir steigen aus und genießen erst einmal die Gegend. So dunkel, wie es zuerst schien, ist es gar nicht, der Mond bescheint die Ostsee und wirft ein silbernes Licht aufs Wasser. Fünen ist nicht zu erkennen, aber die Küstenlinie von Als wird fantastisch ausgeleuchtet. Wir sind begeistert und knacken zur Feier unserer Ankunft ein Bier auf.

Dann folgen einige praktische Überlegungen. Wo sollen wir pennen? Im Auto oder im Kahn? Beide Vehikel sind wüst vollgestopft und irgendwie muss eine ausreichende Fläche für zwei King-Size-Segler freigeschaufelt werden. Wir entscheiden uns für den Kahn, winden uns am noch gelegten Mast vorbei und schlängeln uns ins Innere. Alles, was wir nicht brauchen, kommt ins Auto, danach holen wir unsere Soundmaschine. Kassette rein, Knopf runter und ab dafür.

Das erste Bordfest steigt! Marius Müller-Westernhagen röhrt sich die Kehle wund, der Sound dröhnt durch Boot und Nacht. Einfach klasse, so mit Petroleumfunzel und in maritimem Ambiente. Immer wieder muss die Karte geholt und über

Distanzen, schöne Häfen und blonde Däninnen gefachsimpelt werden. Auch sorgt unsere räumliche Enge für Gesprächsstoff. Aber Bomber hat von meinen Packproblemen und Bedenken die Nase voll.

»Hier feier' ich noch ein Bordfest mit fünf Blondinen, also hör auf zu winseln und sag nicht, wir hätten in der Bude keinen Platz!«

Ich bin geschlagen, das Bordfest kann weitergehen. Schließlich trinken wir noch ein Tässchen Schlummifix aus unserer Hardcore-Ecke, dann wird es Zeit zu pennen, für heute ist es genug. Skål – prost Dänemark!

Samstag

Die erste Mieze auf diesem Törn –
Stauen und slippen mit Hindernissen –
Glühwürmchens Nachtausflug

Der Tag fängt gut an: Verkaterter Blick auf die Ostsee, die UV-Strahlung ätzt fast die oberste Schicht von der Augennetzhaut ab. Bomber und ich pulen uns aus dem Boot, kraxeln steifbeinig vom ungewohnten Liegen in unserem bewohnbaren Schuhkarton vom Trailer und strecken uns – just in dem Moment, in dem eine kleine Katze aus dem hinteren Radkasten des Wagens klettert und sich genau wie wir verschlafen reckt und streckt. Sie hat wohl auf dem warmen Reifen übernachtet. Witzigerweise verhält sie sich genau so träge wie wir und lässt alles erst einmal langsam angehen. Die erste Mieze des Urlaubs und sie ist nicht blond! Was es nicht alles gibt...

Am Fähranleger, der den »gefahrlosen« Sprung nach Fünen ermöglicht, ist noch kein Betrieb. Eigentlich ist das hier ein historisch bedeutsamer Ort, an dem sich angeblich viele Könige eingeschifft haben sollen. Deshalb nannte man das hier Kongehavn, heute ist es einfach nur der Anleger der »Bøjden«-Fähre, die seit 1967 der wichtigste Arbeitgeber für das kleine Dorf ist. Recht prosaisch sieht es hier aus: eine Bude für das Fährgeschäft, ein markierter Parkplatz, alles rein zweckmäßig – bis auf einen wirklich schönen Blick auf die Ostsee und das entfernte Fünen. Das soll sich nach unserer Planung in den nächsten Tagen im Idealfall ausschließlich an *Moppels* Steuerbordseite befinden. Wir wollen ja im Uhrzeigersinn rum. Wer sich das nicht so einfach vorstellen kann oder eine Digitaluhr trägt, sollte seine Waschmaschine auf den Rücken legen und ihr beim Schleudern zusehen. Aber bitte nicht das Fusselsieb kraulen!

In dieser Gegend war einiges in Sachen Geschichte los. Um die Kultur nicht nur im gleichnamigen Beutel zu lassen, würze ich das Frühstück mit ein paar Informationen. So sind zum Beispiel im sechs Kilometer entfernten Nørreskov-Wald eine Menge Altertumsfunde zu besichtigen, bekannt sind vor allem die Reste des Lustschlosses Østerholm bei Havrekobbel. Einen Abstecher dorthin verkneifen wir uns aber, schließlich steht heute noch eine Menge Arbeit auf dem Programm.

Nachdem wir uns mithilfe von frischem Kaffee und einigen Broten startklar gemacht haben, geht die Packerei los. Wir

haben natürlich immer noch zu viel Ballast an Bord. Außerdem muss alles seefest verstaut werden, denn nichts ist schlimmer als eine rutschende Ladung, das war schon auf den alten Windjammern so, die mit Getreide oder Steinen als Ballast an Bord zu kämpfen hatten. Das Wichtigste soll zuoberst liegen, Unwichtiges kann unter dem Cockpit bzw. achtern gestaut werden. Dabei muss die Gewichtsverteilung strikt beachtet werden, Schweres muss nach unten, möglichst nahe an den Schwertkasten. Das ist wichtig für die Stabilität und das Seeverhalten des Bootes.

Mit diesen Vorgaben wühlen wir den ganzen Kahn um. Die Ausrüstung und Gepäckstücke verteilen sich nach kurzer Zeit nicht nur im Cockpit, sondern auch rings um den Trailer. Das Landgangzeug wird auf ein Minimum zusammengeklatscht. Überflüssiges schmeißen wir in den Kombi, dann verstauen wir den Rest. »Le Motör« hängt sich probeweise hinten schon mal warm und wir werden endlich – als Willkommensgruß – mit Sonne eingedeckt.

Dann verlassen wir eiligst den Fähranleger, der gerade von einer Horde Bustouristen im Sturm genommen wird, in Richtung Yachthafen. Nach einiger Suche haben wir den kleinen Weg dorthin gefunden und vor uns liegen Hafen, Sportboote und Ostsee. Ein toller Blick. Das Meer glitzert, die Sonne leuchtet unwahrscheinlich hell. Das haben wir uns auch verdient! Sähe man alles auf einer Postkarte, würde man gleich an Kitsch denken. In der Natur ist es jedoch schlicht grandios.

Wenige Zeit später haben wir den Hafenmeister gefunden und fragen, ob wir das Auto und den Trailer hier geparkt lassen können. Alles klar, kein Problem. Der freundliche Mann hat die Ruhe weg, er kommt wohl gerade vom Fischen.

Es kann losgehen: Wir takeln auf. Der Mast steht schnell, wird fixiert und gespannt. So können wir anschließend ein kleines Richtfest feiern.

Der nächste Schritt wäre laut Programm das Einslippen der Fam. Normalerweise ist dies kein Problem, hier ist die Bahn jedoch extrem flach gehalten, am Ende lauern Steine und Schlick. So inspizieren wir erst einmal alles vom Steg aus. Wer geht jetzt freiwillig ins kalte Wasser? Wir losen. Irgendwie muss Bomber etwas manipuliert haben, denn das Los fällt auf mich. Ich verabschiede mich also von den wärmenden Sonnenstrahlen und ziehe meine Badeshorts an. Das Gespann wird so weit an die Wasserkante gefahren, dass der Auspuff gerade noch ein paar Millimeter über der Wasseroberfläche hängt. Vorsichtig bewege ich mich zu *Moppels* Heck. Verflucht, ist das kalt! Verflixte Auslosung! Wer jetzt Wellen macht, steht als Nummer eins auf meiner schwarzen Liste. Nur: So kommen wir hier nicht weiter. Also rein mit dem Astralkörper ins Wasser. Mein Schieben, Ziehen oder Drücken reichen einfach nicht aus. *Moppel* schwimmt noch nicht, die Bahn ist einfach zu flach. Bomber muss auch ins Wasser, höhö. Dann versenken wir zusätzlich das Heck des Kombis in der Ostsee. Ist ja ein Allrad, das muss er abkönnen. Aber das ist das Maximum, sonst können wir ja gleich mit dem Trailer in der Hand rund Fünen marschieren. Gemeinsam schuften wir wie die Berserker.

»Los, schieb, du Faulsack!«

»Was glaubst du, was ich hier mache, du Blindgänger du!«

Gemeinsam wuchten wir den vertrackten Kahn schließlich vom Trailer und sind begossen wie die sprichwörtlichen Pudel. Das war nicht wirklich beabsichtigt, aber der Trailer scheint sich im Wasser leicht zu heben – jetzt bloß nicht die »Grömitz-Nummer«.

Während wir alles Bereifte wieder mit Süßwasser abspülen und trockenlegen, erzähle ich Bomber natürlich von dieser speziellen Glanzleistung. Vor vielen Jahren sollte einmal ein nagelneuer Dreier-BMW eine Motorlutsche aus dem Wasser ziehen. Alle Segler mussten warten, da der Macker ziemlich wichtig die ganze Slipbahn blockierte. Zu Anfang sah alles sehr professionell aus. Planmäßig liftete sich das Boot auf den Trailer. Der Typ hielt das Gespann auf der Schräge an, um nachzuschauen, ob sein Kahn auch richtig auflag. Leider war die Handbremse des Wagens nicht allzufest angezogen und das Gespann schob sich wieder zurück ins Hafenbecken. Das Boot schwamm, der BMW allerdings nicht. Aber dank seiner Antenne, die noch ein wenig aus dem Wasser ragte, war er noch längere Zeit als potentielles Unterwasserhindernis auszumachen.

Die Bilanz unseres Slippens ist brauchbar. *Moppel* schwimmt so leidlich, Trailer und Auto stehen auf einer Parkfläche und nur unsere Shorts sind noch nass. Wir können los. Rein theoretisch jedenfalls.

Vor die Reise haben die Götter aber als nächste Hürde einen Mordshunger gestellt. Komisch, in den Piratenfilmen gibt es solche Probleme nicht, genau wie den Gang zum WC. Oder hat jemand schon einmal gesehen, wie Errol Flynn vor einem Überfall auf ein anderes Schiff sagt: »Jungs, greift schon mal an, ich muss erst noch wohin!« Und wo lassen diese Typen den Degen, wenn sie auf der Toilette sind? Stell sich einer mal einen Piraten vor, der in einer verkommenen Kaschemme statt Wein und Weiber eine Currywurst mit Pommes rot-weiß bestellt... Da beginnen heutzutage aber die wahren Seglerprobleme. Hier ist für uns GFK-Boot-Fahrer eine radikale und schnelle Lösung gefordert. Wir müssen uns etwas brutzeln. Die Reihenfolge ist jedoch nicht von Paul Bocuse geplant: Erst kommen die Vorbereitungen im Cockpit, dann der Regen und danach erst das Essen. Während der kurzen Schauer krabbeln wir mit knurrenden Mägen in unser Domizil und müssen feststellen, dass der Platz doch nicht so wundervoll ausreicht, wie wir uns das gedacht haben. Pennen kann man so nicht, leben unter Deck auch nicht. Jeder Tierschutzverein würde uns hier die Haltung eines Kleinstköters verbieten. Unser Staukonzept erweist sich als extrem verbesserungswürdig. Also packen wir noch einmal um, diesmal endgültig.

Das Ergebnis ist genial, wie die Zukunft zeigen wird. An Backbord werden die beiden Curver-Boxen für Vorrat und als Bordküche gestaut. In die hintere Box kommen Essvorräte allgemeiner Art, in die vordere alles, was wir am aktuellen und am folgenden Tag brauchen werden, dazu die Kochgeräte nebst Zubehör wie Öl, Knoblauch gegen Vampire, Gewürzbox, Zwiebeln als Vitamin- und Geräuschspender sowie einige Getränke. Tütensuppen und Sachen, die man schnell zwischendurch ohne gigantische Vorbereitungszeremonie verzehren kann, werden ebenfalls aufgeteilt und in die Boxen verbracht. Der Gaskocher der Zweiten Generation lauert allzeit bereit achtern in der Backskiste.

Ideal ist auch unsere »Kuh«, die Plastikflasche für Milch. Sie fasst eineinhalb Liter und hat einen spritzsicheren Verschluss. Auch bei Lage kann nichts herauslaufen. Das ist besser, als die Milchtüte ständig zu verkleben, zuzuklemmen oder andersartig zu verschließen. So muss eine Kuh an Bord gestaut werden, dann klappt es auch mit dem Melken!

Für Besteck und Küchenmesser gibt es einen Beutel aus Leinen, die Kaffeemaschine für »Stampfkaffee« wird mit ihrem Griff einfach an die Curver-Box angehängt. Damit die Boxen kein Eigenleben entwickeln, werden sie mittels eines Krams-büdels mit warmen Sachen, einer Decke und überzähligen Schwimmwesten, von denen wir einen kleinen Vorrat für Bombers gewünschte fünf Blondinen mitführen, fest verpallt.

Begeben wir uns in den Keller: In die Mini-Bilge kommt das Dosenbier, möglichst nahe an den Schwertkasten, sortiert nach Art und Größe. Jeder kann so auch im Dunkeln oder in Notfällen seine Marke ohne nennenswerte Probleme erreichen. Der Rotwein für festliche Anlässe kommt nach achtern unter das Cockpit, da stört er nicht.

Gewicht gehört in die Schiffsmitte. Also werden Anker, Ankerleine, zwei Paddel und der Bootshaken ebenfalls unter dem Cockpit untergebracht, sie müssen nämlich schnell erreichbar sein. Vom Anbändseln des Bootshakens an den Wanten halte ich nichts. Das bringt nicht nur einen hohen Windwiderstand und kostet Speed, ich halte es auch für relativ problematisch, das Ding in Hektik von den Wanten abzufrie-meln, während sich die ortsansässige Fähre von achtern heran-schiebt und man sich zum Verrecken den einen letzten Pfahl der Reihe noch »krallen« muss, bevor man zum Schifffahrts-hindernis erklärt wird.

An Steuerbord werden unsere Reisetaschen gestaut. Hinten ist das Zeug für den Landgang, vorne das, was man zum Segeln so braucht. Alle Taschen werden in wasserfeste Müllbeutel ver-packt. Die Toilettenartikel bekommen einen Extra-Behälter und werden oben auf den Reisetaschen rutschfest eingekeilt. Decken und Schlafsäcke stopfen wir in einen gummierten Seesack. Dort bleiben sie – egal was kommt – trocken. Warme Klamotten wandern in den Kramsbüdel an Backbord.

Eine Art Tisch schaffen wir uns auch noch. Die Abdeckung aus Holz, welche die mittlere Auflage für die Polster bildet, lässt sich nach vorne schieben, so dass man nach Wegnahme des Mittelpolsters eine prima Abstellfläche bekommt. Unter dem Rest dieser Abdeckung ruht das Ölzeug, ganz vorne in der Bilge gestaut. Tagsüber kann man auf diesem Holz sogar die aktuelle Karte liegen lassen, wenn sie nicht gebraucht wird. Ansonsten wird das gesamte Kartenmaterial auf die Curver-Boxen verfrachtet. Da alle Unterlagen in einer Plastiktasche eingepackt sind, kann Spritzwasser hier wenig Schaden anrichten.

»Vorne«, im Regal, befindet sich das »Bordbüro«, mit Navigationsbesteck, Schreibzeug, Handbüchern und anderen Unterlagen, hinzu kommen ein paar Musikcassetten. Darüber richten wir ein Fach für Geschirr ein. Hier haben wir das Gewichtspargesetz durchbrochen und uns Porzellan statt Plastik gegönnt, ein bisschen Eleganz muss sein. In dieses Fach stopfen wir auch das Schneidebrett für die Wurst, eine Küchenrolle und Kleinkram. Im oberen Fach befindet sich ganz vorne eine Tasche mit dem Ersatzobjektiv für die Kamera, einer Riesenmenge Ersatzbatterien sowie die Kassette mit den Papieren, den Autoschlüsseln und dem Geld in Form unserer Gemeinschaftskasse, die vom »Zasterfanten« Bomber verwaltet wird. Ansonsten wird dort oben alles weitere verteilt, was wichtig ist: NICO-Signal, Fernglas, der abnehmbare Kompass, Messer, MagLite, die anderen Taschenlampen, Feuerzeug, Kamera, Tape-Band, ein paar Bändsel und anderes Zeug. Was man eben so braucht...

Die kleine Backskiste nimmt den seemännischen Krempel und die Flüssigkeiten auf: einen Fünf-Liter-Kanister für Sprit, eine Sigg-Flasche für Duftpetroleum, den Zehn-Liter-Wasserkanister, einen kleinen Werkzeugsatz, Ersatzschäkel, die kleine Tüte mit Bändseln, den Ankerball, Reinigungskram, Spiritus, Kocher, einen Trangia-Spiritus-Kocher als »Backup« oder um zweiflammig Bordköstlichkeiten zu zaubern, zwei Bundeswehr-planen und einen großen Beutel für den Müll. Die Petroleum-funzeln werden selbstverständlich in einer Pütz gestaut, damit die Suppe nicht durchs Schiff wabbert, wenn sich der Pott mal auf die Backe legt.

Festmacher und Fender werden an einer Multifunktionsleine achtern im Cockpit festgemacht. Diese Leine wird zwischen den beiden Festmacherklampen gespannt und dient einmal zum Festbändseln der erwähnten Gegenstände sowie zum Arretieren der Pinne. Auf diese Weise haben wir immer alles schnell zur Hand und brauchen nicht vor einem Hafen bei viel Welle die Backskiste aufzumachen oder das nasse Leinen-geschladder in die Kiste zu packen. Die Leine erweist sich in der Folge als äußerst praktisch, auch wenn sie für eine unordent-liche Optik sorgt.

Schwierigkeiten macht uns nur »Le Motör«. Es springt nicht an, das Mistding. Nach einer Stunde konzentrierter Plackerei und herber Verwünschungen haben wir die Faxen dicke und geben auf. Soll es doch schweigen, wie es will, wir strafen es erst einmal mit Verachtung. Wir sind schließlich Segler und keine Motorbootfahrer, die auf so ein Stück Blech angewiesen sind. Ha!

Und um das zu beweisen, starten wir spät am Abend zu einer nächtlichen Probefahrt. Unter Segeln geht es aus dem Hafen. Der Wind ist extrem flau, ein »'auch«, wie die Franzosen so zu sagen pflegen. Wir kommen nur langsam vorwärts. Allein für die Ausfahrt aus dem Hafen brauchen wir eine geschlagene Viertelstunde. Weit und breit ist nichts Schwimmendes im Belt zu sehen, es ist stockdunkel.

In Ermangelung festangebrachter Posis setzen wir unsere Ersatzbeleuchtung, eine kräftige Petroleumlatüchte. Sie wird an den Bootshaken gebunden, dieser wird dann an der Motorhalterung festgezurrt. Abstrakt betrachtet ähneln wir einem Glühwürmchen: Am Heck ist es hell. Und so schleichen wir dahin. Allerdings ist an Geschwindigkeit nicht zu denken, denn der Wind – soweit vorhanden – nimmt ab. Aus dem Hauch wird ein Nichts. So werden wir im Wesentlichen lediglich von einer leichten Strömung vorwärtsbewegt, da hilft unserer Schute auch kein Regattatrimm.

Aber die paar Kabellängen, die wir hier außerhalb des Hafens herumgurken, haben einen eigenartigen Reiz. Richtige Seefahrtromantik kommt auf. Eine mondlichtbeschienene Uferpartie, ruhige Wasserbewegungen, die leichte Brise, die dann und wann gerade noch feststellbar ist, und das sanfte Bootsschaukeln. Es ist so schön, dass wir uns mit unserem Schiff treiben lassen, die Soundmaschine bleibt still und wir schauen uns einfach nur die Natur an.

Eine kleine Welle lässt das Boot eine ruckartige Bewegung machen. Eine wohl nicht so optimal gestaute Bierdose kullert durch die Bilge und durchbricht jäh den Zauber von tausendundeiner Nacht. Bomber und ich stoßen noch einmal auf dieses tolle Schauspiel an, dann wird wieder von Genuss- auf Bordbetrieb umgeschaltet. Wir müssen zurück, die Testrunde ist beendet. Lossegeln wollen wir in dieser Flautennacht noch nicht, also: »Klar zur Wende!«

Nach einer spannenden Treiberei und Schleicherei schieben wir uns im Neerstrom hinter der Hafenmole milimeterweise wieder an die Einfahrt heran. Um in das eigentliche Hafenbecken zu kommen, müssen wir kreuzen. Das geht mangels Wind nicht gerade klassisch vor sich und so legen wir uns zwangsweise an eine Dalbe in der Einfahrt. Der Wind hat noch nicht einmal mehr die Kraft, uns durch eine normale Wende zu pushen. Also warten wir, jederzeit bereit, die Vorleine loszuwerfen. Es ist auch zu dumm, die Dalben stehen hier so weit auseinander, dass wir uns mit dem Schiff nicht einfach von Pfahl zu Pfahl hangeln können. Plötzlich ein leichter Hauch! Unsere Chance – Leinen los! Aber dieser zweite Versuch bringt uns auch nicht weiter, wir gehen zwar über Los, müssen aber dann wieder auf das Startfeld zurück. So hängen wir wieder an unserer Dalbe. Auf ein anstrengendes Paddeln hat keiner von uns Bock, also heißt es wieder abwarten. Ein wenig Stolz haben wir schließlich auch. Wir sind Segler, keine Paddler. Und so, wie damals auf dem Rhein mit der Jolle soll das hier auch nicht abgehen.

Damals waren wir bei gutem Wind mit einer Jolle stromabwärts gesegelt. Der Wind schlief ein, aber wir mussten wieder zurück in den Hafen. Mit Paddeln konnten wir nur im Neer hinter den Kribben gegen die Strömung ankommen. Um die Kribben herum ging das nicht mehr, wir mussten also das Boot schieben. Dazu hatte aber einer bis zum Bauch im Wasser zu stehen und das Schiff von den Steinen abzuhalten. Der andere hielt die Vorleine und zog den Kahn. Da wir nach kurzer Zeit patschnass waren, beschlossen wir, auch den Rest der Partie durch das eklige Rheinwasser zu tapern. Auf diese Weise schoben, schwammen und treidelten wir unsere Jolle drei Kilometer stromauf, bis wir uns oberhalb unserer Hafeneinfahrt befanden. Kaum wollten wir uns wieder in den Hafen treiben lassen, briste es auf. Ein Schelm, wer Schlechtes dabei denkt.

Nach zehn Minuten öder Herumhängerei am Pfahl nimmt heute der Windhauch endlich etwas zu. Wir wittern unsere nächste Chance, lösen die Vorleine und können uns mehr recht als schlecht zu einer Box für dicke Pötte hochkreuzen. Wir machen fest, liegen in dieser riesigen Box mit einer wahnsinnig langen Heckleine. Neben uns sind Schiffe ab fünfunddreißig Fuß aufwärts angeknotet. Optisch bilden wir hier schon einmal einen schönen Kontrast.

Nach dem Festmachen können wir uns endlich zufrieden in unserer Höhle installieren und es uns gemütlich machen. Das Leben in der Enge ist noch ungewohnt. Richtiges aufrechtes Sitzen geht nicht. Und Socken schmecken angeblich einfach widerlich, sodass wir uns beim Auspacken der Schlafsäcke mächtig verbiegen. Aber mit Petroleumfunzel, Musik und einer euphorischen Stimmung macht das alles nichts. Unsere Nachbarn, das zeigt ein abschließender Rundumblick, sitzen derweil in ihren Salons und lösen Kreuzworträtsel oder schweigen sich an. Mitternacht ist längst vorbei. Wie dem auch sei, bei uns ist eindeutig die bessere Stimmung an Bord.

Sonntag

Motoritis – »Wie steht mir grün, Paganini?« –
Assens voraus

Das Erwachen ist super, wir haben wider Erwarten gut ge-
schlafen. Nach einer kurzen Morgentoilette – »Nächste
Dusche in hundert Meilen« – frühstücken wir erst einmal ausgiebig im Cockpit, während die Sonne zunehmend an Kraft
gewinnt. Der Hafenmeister düst mit seinem Kahn ein paarmal
vorbei, entdeckt uns aber nicht, zu klein und unscheinbar liegen
wir zwischen den dicken Pötten. Was andere so als Spibaum
fahren, nennen wir Mast.

Nach dem Abwaschen steht der Motorcheck an, ohne PS-
Unterstützung wollen wir nicht auf Tour. Nach längerem
Fluchen stellen wir endlich fest, dass es da zusätzlich noch
einen versteckt angebrachten Sprithahn gibt, der gar nicht wie
ein Sprithahn, sondern mehr wie eine angefeilte Schraube aussieht. Eine vertrackte Sache, wer rechnet denn schon mit einer
zusätzlichen Miniabsperrung im Spritsystem. Die modernen
Motoren sind mittlerweile doch erheblich einfacher aufgebaut
als unser antikes Ding. Wie dem auch sei, der Hahn ist auf, die
Spritleitung wieder von Rückständen frei, die Brennkammer
sauber und die Kerze entrußt. Bomber managt die Aktion, er
steht mit dem Motor ohnehin auf vertrauterem Fuß als ich. Das
Anschmeißen funktioniert mittels einer Anreißleine, die um
eine Schwungscheibe gelegt werden muss. Das ergibt einen

Arbeitsgang von einmal reißen, zigmal wickeln, der immer und immer noch einmal wiederholt werden muss.

Bomber fummelt so an diesem vertrackten Ding herum, dass mir spontan die Geschichte mit dem Schlauchboot vor Rosas einfällt. Ein Typ lag dort mit seinem Gummidampfer samt nagelneuem 50-PS-Motor ungefähr achtzig Meter vom Strand entfernt und fummelte an der Maschine herum. Aber die wollte zum Verrecken nicht anspringen. Also wurde weiter angerissen, gedreht, gewerkelt und wieder angerissen. Irgendwann hatte der Motor wohl ein Einsehen und tat, was man von ihm wollte. Leider hatte der Fahrer vergessen auszukuppeln. Dank des eingelegten Vorwärtsganges hob sich das Boot mit dem Bug aus dem Wasser und der Typ kippte dadurch über das Heck ins Meer. Führerlos hämmerte der Schlaucher auf den Strand, wobei der Motor nach dem Aufschlag erwartungsgemäß seinen Geist aufgab.

Aber bei uns geht heute alles glatt und schließlich springt unser Mistding an. Sind wir enttäuscht? Aber nein. Eine alte Maschinistenweisheit im Umgang mit diesen besonderen Gerätschaften lautet: Trau keinem Motor, der sofort läuft! Ulf B. hatte überdies beiläufig erwähnt, dass der Motor fast über ein Jahr in der Garage gelegen hat. Davon merkt man jetzt nichts mehr, die Kiste röhrt nicht schlecht. Jedenfalls macht sie Krach und die Schraube törnt munter – was will man mehr? Wir lauschen dieser Sinfonie in Außenbord-Dur ein paar Minuten, dann lösen wir die Vorleine. Der Törn kann beginnen. Vor unserem Bug liegen das Abenteuer, die Ferne, fremde Gestade, ozeanische Weiten. Ein überwältigender Start!

Kurz nach dem Ablegen, nicht mal eine Minute später, passiert es. Wir sind noch mitten im Hafen, haben gerade aus der Box ausgedreht, als »Le Motör« trotz des Warmlaufens und anderem Schnickschnack einfach wieder aufgibt. Die Stille ist überwältigend. Das Abenteuer ist da, die Ferne reduziert sich auf wenige Meter bis zum nächsten Steg und vor unserem Bug liegt ein festgemachtes Schiff, das wir besser nicht rammen sollten. Wir kennen die alte Regel gut: Ramme nichts, was größer ist als du! Wir schauen uns an und fangen an zu lachen. So treiben wir erst einmal ein paar Minuten dahin, bis ein freundlicher dänischer Angler unsere Schleppleine übernimmt und uns aus dem Hafen schleppt. Der nette Havnevogt winkt grüßend herüber und kann sich offensichtlich ein Grinsen nicht verkneifen.

Draußen, aus dem Schutz der Mole herausgekommen, setzen wir die Segel und lösen die Schleppleine. Direkt an der Hafeneinfahrt herrscht die übliche hohe Dünung, die sich laut Handbuch immer bei östlichen Winden aufbauen soll. Der Däne dreht ab und winkt. Seine Gäste reißen unseretwegen noch einmal die Pilsbuddeln hoch, ein letztes »Skål« und wir sind endlich allein. Die Reise beginnt. Vor unserem Bug liegen wieder das Abenteuer, die Ferne und so weiter.

Es rauscht am Heck, wir sind überwältigt. Frischer Wind umweht unsere Nasen, Wasser spritzt. Unsere erste Meile auf diesem Törn ist geschafft. Jede große Reise, so sagt der Volksmund, beginnt mit dem ersten Schritt. Bei Seglern wird dieser Schritt in der Regel durch eine hinterhältige Welle ersetzt, die das Cockpit durchnässt. Der Kurs liegt an, zehn Grad Richtung Fünen, genauer gesagt, Assens ist unser Tagesziel. Eine Stunde sind wir schon unterwegs, jetzt ist es Mittag. Zusätzlich zur Nationalflagge wehen unsere Badeshorts zum Trocknen am Backbordwant. Richtig trocken werden sie erst drei Tage später sein, denn jedesmal, wenn wir sie wieder einpacken wollen, passiert irgendetwas. Mal ein Spritzer, mal eine Welle, eine versehentliche Landung in der Bilge, so blieben sie jedenfalls ziemlich lange nass. Der Wind kommt drei bis vier Beaufort konstant aus Ost-Südost, die Wellenhöhe bleibt zunächst bei einem halben Meter. Wir kommen ganz gut voran, kurz nach ein Uhr befinden wir uns mitten zwischen Als und Fünen. Für die Fam, diese überladene Schute, ist das eine brauchbare Geschwindigkeit.

Imposant ist die Sicht auf die große Wasserfläche um uns herum. Das Meer ist unendlich weit, das Boot nur eine Nussschale. Land steht zwar am Horizont, aber wenn das Freibord gerade mal einige Zentimeter beträgt und man eigentlich nur die Hand auszustrecken braucht, um die Ostsee zu greifen, dann ist das schon etwas Besonderes. Bomber sieht sich alles in Ruhe an und hängt dabei seinen Gedanken nach. Ob er sich das so vorgestellt hat? Ich nehme mir vor, ihn am Abend in Assens darauf anzusprechen.

Aus Südost braut sich dann langsam, aber sicher eine Front zusammen. Der Wind nimmt zu, die See auch. Auf Halbwindkurs schaukelt unser Eimer immer heftiger. Wesentlich früher als erwartet tauchen die ersten Böen auf. Bomber »pinniert«, ich versuche, das Reff I zu stecken. Aber es bleibt bei dem Versuch. Nichts klappt, der Kahn hält sich gerade so auf halbem Wind und das Groß will nicht runter. Der Grund dafür ist die »Reffmimik« für die achtere Reffkausch. Die Kausch lässt sich nicht auf den Baum ziehen. Irgendetwas klemmt. So startet Bomber »Le Motör« und wir können endlich exakt in den Wind drehen. Ich berge das Groß vorsichtshalber erst einmal ganz, bei der Schaukelei muss ich mit dem Reffstander, der die Kausch achtern auf den Baum zieht, noch ein wenig basteln. Natürlich habe ich keine Lust, bei mittlerweile anderthalb Metern Welle, die Baumnock sozusagen freischwebend zu versorgen und den Mist im Stehen zu klarieren. Unter Fock halten wir auf einem leichten Raumschotkurs erst einmal weiter in Richtung Fünen und warten auf die folgenden Böen. Die Schaukelei legt noch ein Bonbon auf die Skala drauf, Wellenhöhe und Wind tun es ihr nach. Trotzdem, unsere gute Laune hält sich, denn die Front läuft nach kurzer Zeit schließlich unproblematisch durch. Genauso schnell, wie es aufgedreht hat, nehmen Welle und Wind wieder auf ein normales Maß ab. Die Fam hat die erste Schlaglochstrecke problemlos überstanden, das Vertrauen zum Schiff ist da.

Bomber hat nach der Schaukelei ernsthafte Schwierigkeiten mit der Gesichtsfarbe. Sie wechselte während der Böen von rot, wie gut durchblutet, über weiß und grau auf leuchtend grün. Trotz eines breiten Grinsens wurde es im Cockpit immer stiller. Aha – die Seekrankheit. Bomber hat es erwischt! Ehrlich gesagt, ich habe selten ein so schönes Grün im Gesicht eines Menschen gesehen. Mal überlegen: Wir segeln auf Backbordbug und Bomber sitzt auf der Steuerbordseite. Somit haben wir einen wunderbaren Posi-Ersatz, vom Nautischen gibt es gegen seine Seekrankheit also keine Bedenken. Dumm ist nur, dass er in Luv sitzt.

Die Unterhaltung wird etwas gepresst: »Bomber, sag doch was!«

»Och nö, Paganini, da bin ich jetzt nicht so für.«

»Willst du 'n Bier oder was zu kauen?«

»Nö, lass man.«

»Tüte gefällig?«

»Nö, aber wenn ich die Stewardess also vielleicht...«

Wie es scheint, geht es mit der Stimmung aufwärts, nicht mit dem Mageninhalt. Um Bomber zu testen, erzähle ich ihm von einer stürmischen Fahrt über den englischen Kanal mit einer stinknormalen Fähre. Überall fütterten die Menschen Fische. Ein Engländer und seine Frau waren wohl auf Raritätensuche und einen besonders schönen Erguss bestaunte der Gatte würdevoll: «Look, Darling, there is a really nice one!«

Eine Stunde später ist die Angelegenheit würdig überstanden, Bomber hat keinen Bock mehr auf Übelkeit. Und weil er keinen Bock mehr darauf hat, will er auch nicht mehr, dass ihm übel ist. Seine hartleibige Psyche erreicht die Genesung umgehend. Um es vorwegzunehmen: Ab diesem Moment waren ihm Seebeine gewachsen. Meine Meinung bestätigt sich: Seekrankheit ist in den meisten Fällen psychisch bedingt.

Trotz des Segelns nur unter Fock machen wir gute Fahrt und können nach Kursänderung grob auf das Leuchtfeuer Lindhoved zuhalten. Paradox: Auf dem höchsten Punkt der Halbinsel Helnæs liegt der »Galgenbakken«, der alte Galgenhügel. Die Delinquenten hatten von dort aus eine fantastische

Aussicht über den Belt und die Helnæs Bugt, sofern sie diese – situationsbedingt – genießen konnten.

»Paganini, gibst du mir mal ein Bier?«

Bomber scheint wirklich frei von aller Übelkeit zu sein. Erfreut hole ich zwei Dosen und die traditionelle Sherry-Flasche. Neptun bekommt den ersten Hieb, einen großzügigen Guss opfern wir mit der üblichen Bitte um guten Wind und eine gute Reise. Und er erhält sicherheitshalber noch einen zweiten, denn auf einem Bein kann vielleicht auch er nicht stehen. Überdies habe ich sogar die Mimik an der Baumnock wieder im Griff und dank meiner Bastelei auch entscheidend verbessert. So kann man jetzt direkt am Mast stehend reffen, ganz ohne Schaukelei und Stress. Alles funktioniert prächtig. Wir können das Groß wieder setzen, diesmal mit funktionierendem Reff I, das Segel steht brauchbar und zieht uns gut vorwärts. Wir brauchen den Speed aber auch, um vor einer weiteren Front abzulaufen, die ebenfalls wieder von Südost aufkommt. Ich erkläre Bomber den Trick mit dem »Heck-auf-die-Welle-setzen«. Wenig später hat er den Bogen mächtig raus, wir rutschen die Wellenberge nur so runter. Ich verschwinde gerade mal zur Kartenarbeit nach unten, als ich höre: »Eh Paganini, guck dir das mal an. Das glaubst du nicht!«

So stecke ich den Kopf aus dem Luk und muss erstaunt feststellen, dass das Boot sich auf einer Welle festgebissen hat und wie der Teufel durch die Gegend surft. Sauber, so sollte es öfter sein. Ich hätte nicht gedacht, dass das bescheidene Vehikel, mit dem wir uns bewegen, so gut aus den Pötten kommt.

Wir nehmen weiter direkten Kurs auf Torø Huse. Mittlerweile können wir unter ausgerefftem Groß laufen, Wind und Welle haben abgenommen. Schade für Bomber, hatte er nach unserer ersten »Rutsche« permanent versucht, das Heck auf jede nur mögliche Welle zu setzen. Torø passieren wir dicht unter Land und halten auf Assens zu. Natürlich gibt es Hinweise auf Versandungen in den Handbüchern, aber die Realität beweist, dass diese papierenen Tipps ziemlich untertrieben sind. Der in der allerneuesten Karte angepriesene Sund an der Insel vorbei ist völlig verlandet und um die so entstandene Halbinsel herum scheint es nicht gerade tief zu sein. Trotz der Vorteile unseres variablen Tiefgangs traue ich der Karte nicht, wir gehen lieber auf Distanz. Auch halten wir ein paar Kabellängen Abstand zu Stellnetzen und anderem Fischereigerät. Der Wind hat zum Schluss noch etwas gedreht, er kann es wohl nicht lassen. Eine letzte Kreuz in den Hafen unter gerefftem Groß und wir liegen fest am Steg. In der kleinen Log- und Rechenkladde notiere ich das Einlaufen gegen neunzehn Uhr.

Beim Sundowner im Cockpit sehen wir uns um. Hafenmeister, Shop etc. dieser 650-Liegeplätze-Marina haben bereits geschlossen. Wir sparen uns den langen Weg in die Stadt, der ganz um das Hafenbecken herumführt, auch wenn diese alte Seehandelsansiedlung, deren Geschichte bis in das 12. Jahrhundert zurückreicht, äußerst reizvoll ist. Ein friedliches Provinznest, laut Törnführer. Klar, dass die Stadt eigentlich zu einem Spaziergang einlädt, immerhin gibt es hier einige sehenswerte Kaufmannshöfe. Aber nach dem ersten Segeltag sind wir selbstverständlich mehr auf das Boot, weniger auf Ort und Menschen fixiert und auch der Hunger meldet sich. Schließlich muss sich das Bordleben erst einmal einpendeln, bevor es an das Après-Sail gehen kann.

Bombers Magen knurrt erst verhalten, wenig später laut und dann bedrohlich. Aufgrund der Leere seines Magens bildet sein Bauch einen erstklassigen Resonanzkörper. Die Zubereitung des Abendessens gestaltet sich trotz der akustischen Warn-signale einfach und unproblematisch. Wir haben in der winzigen Schlupfkajüte einigermaßen Platz zum Sitzen und Kochen und brauchen nicht großartig umzuräumen, da alles in Griffweite ist. Von unserem Staukonzept sind wir nach wie vor begeistert. Alles ist trocken geblieben, der erste Schlag heute war auch in dieser Hinsicht ein Erfolg.

Zur Beleuchtung greifen wir auf eine unserer Petroleum-funzeln zurück. Sie gibt ausreichend Licht und etwas Wärme, der Spritverbrauch ist lächerlich gering. Mit einem zurechtge-bogenen Drahtbügel wird sie in den Lüfter gehängt und mit einem Bändsel an der Schwertkurbel vor allzu heftigen Bewegungen gesichert. Das Duftpetroleum sorgt dafür, dass nicht allzuviel Hitze gegen die Decke abgestrahlt wird, das Zeug rußt auch nicht so sehr wie normaler Brennstoff. Um es vorwegzunehmen: Die Petro-Funzeln spendeten auf der ganzen Reise einen Schuss Behaglichkeit und Romantik. Faul hängen wir also in der Kajüte ab. Backschaft? Die schmeißen wir zum Aufweichen in eine Schüssel achtern im Cockpit. Das erledigen wir morgen vor dem Auslaufen. Das Geschirr kann in aller Ruhe im Salzwasser dümpeln, bevor es mit Süßwasser gespült wird. Wir sind Segler, keine Spüler.

Dann wird es Zeit für die Flaggenparade. Früher richtete man sich nach dem größten Kriegsschiff im Hafen. Wo kriegt man aber in Zeiten der Abrüstung ein Kriegsschiff her? Ein Typ mit 'ner Friendship 28 hatte sich eine Vorrichtung gebaut, mit der er die Flagge auf Knopfdruck automatisch einholen kann, gleich, ob der Motor Strom frisst oder nicht. Bei uns ist natür-lich Handarbeit gefordert, aber bitte nicht so, wie bei den Prinz-Heinrich-Mützen-Trägern eines Zwölf-Meter-Schiffes in Kerteminde, die konzentriert zeitgleich Gastlandflagge und

Nationale einholen wollten. Drohte eine Flagge auch nur einen Zentimeter tiefer als die andere zu hängen, setzte es ein Donnerwetter vom Skipper. Es war die totale Show. Anderntags hatte der Boss beide Flaggen so zusammengerollt, dass sie sich oben durch Reißen an der Flaggenleine selbst entfalten sollten. Das ging natürlich schief, das Donnerwetter war erstklassig und Nachschlag gab es auch, als sich alle anderen Segler die Bäuche vor Lachen hielten. Sogar nachdem sie abgelegt hatten, brüllte der Skipper immer noch seine Crew an.

Montag

Dein Salat, das unbekannte Wesen –
Große Brücke und kleine Belte –
Ein Königreich für einen Fender

Das Erwachen geht bei meinem Bordkollegen recht langsam vor sich. Während ich schon die Kamera schwinge und auf dem Schiff herumturne, wälzt sich Bomber noch in der Koje. Mit ihm ist keinerlei normale Kommunikation möglich, außer einem gepressten trantütigen »Morgen« ist nichts aus ihm herauszubekommen. Also bewege ich mich erst einmal in Richtung Hafenklo und schaue mir unterwegs die hier liegenden Schiffe an.

Der Marinashop hat auf. Doch eine üppig gebaute blonde Dänin hinter der Kasse erklärt mir, dass ich Brötchen nur auf Vorbestellung bekommen könne. Neben ihr steht der Hafenmeister. Vermutlich habe ich ihn beim Schäkern gestört, denn er knöpft mir freundlich, aber unerbittlich den vollen Preis ab. Wir müssen bluten: Assens ist nicht gerade ein Dorado für Low-Budget-Sailors!

Auf dem Schiff hat Bomber mittlerweile den Weg an die frische Luft gefunden und sich aus den warmen, weichen und wohligen Fangarmen der Penntüte befreien können. Der Kocher heizt gerade die letzten Grade auf, es gibt Kaffee! Eine Entschädigung für die harten Preise sozusagen. Kaum durchzieht dieser Duft das Cockpit, kann man auch wieder normale

Worte wechseln. Anscheinend läuft Bomber erst nach einem Becher schwarzer Brühe auf Betriebstemperatur. Nach der fälligen Backschaft folgt »Schwanensee«: Wir füttern die eleganten Weißhälse und anderes Wassergetier, die sich in froher Erwartung unserer Reste um *Moppel* versammelt haben. Irgendetwas unter Deck schreckt uns auf. Unser mitgenommener Kartoffelsalat scheint ein Eigenleben zu entwickeln. »Mitgenommen« kann man auch im übertragenen Sinn verstehen. Hier sind rasche Maßnahmen erforderlich, bevor ihm Beine wachsen. Bomber opfert sich und reinigt sowohl die Schale als auch die Thermo-Frischhaltefolie, die wir noch für Käse oder ähnliches verwenden können. Es gibt auch ohne unsere ungebetenen Gäste genügend Monster, die die Weltmeere unsicher machen!

Dann heißt es »Leinen los« für den zweiten Törntag. Das Wetter stimmt so eben, bedeckter Himmel, Wind drei bis vier aus Ost, stark böig. Damit können wir leben. Gutgelaunt und frisch rasiert laufen wir gegen Mittag unter gerefftem Groß und der Fock aus. Auf einem Halbwindkurs geht es Richtung Norden. Mit der Segelei wechseln Bomber und ich uns ab. Ich tauche dann und wann in die Kajüte hinunter, um einen Blick auf die Karte zu werfen. Navigation ist hier simpel, die Strände sind sozusagen alte Bekannte, und folglich kann ich – was allen Navigationspuristen wohl zuwider ist – einfach grob nach Sicht fahren. Im Laufe eines Seglerlebens lernt man immer noch dazu und mit humorvollen Schaudern denke ich heute noch an meine erste Regatta mit einem 420er auf dem heimatlichen See zurück. Mein Vorschoter und ich waren durch ein Versehen plötzlich an der Spitze des Feldes. Gut für uns, dachten wir und deckten den Mantel des Schweigens über die ausgelassene Tonne. Wir waren zwar jetzt die Schnellsten, wussten aber nicht mehr, wo es langgehen sollte. Schließlich kenterten wir in einer Bö und als wir das Boot endlich gedreht hatten, konnten wir den Regattakurs sehr leicht feststellen. Wir brauchten nur dem Feld hinterherzufahren. Solche Erlebnisse prägen Kinder und angehende Navigatoren doch recht tief...

Ohne nennenswerte Ereignisse geht es an Bågø vorbei. Die Insel ist nicht nur für Archäologen und Historiker wegen der Grabfunde aus der Wikingerzeit und der Fachwerkhäuser interessant. Nautiker rühmen den Leuchtturm an der Südwestspitze der Insel, ist er doch der Erste, der in den inneren dänischen Gewässern gebaut worden ist. Die Böen nehmen zu. Wir bergen die Fock – praktischerweise aus dem Cockpit heraus! Ein weiterer Beitrag der Reihe »Kleine Basteleien mit großer Wirkung«. Unsere Konstruktion funktioniert blendend: Wir haben eine dünne Leine vom Kopf der Fock durch die Stagreiter geschoren, sie wird am Hals des Segels, also am Fußpunkt der Fock mittels eines Blocks in das Cockpit umgelenkt. So braucht man nur noch das Fall zu lösen, die Fock durch Ziehen an der Leine zu bergen und eine der Fockschoten durchzusetzen, schon ist alles fertig und weitgehend verzurrt, ohne dass jemand bei Welle auf dem Vorschiff herumturnen muss. Trampolinspringen kann man auch woanders. Auf eine Sorgleine vom Mast zum Bugkorb, in die man sich einpicken kann, wenn man nun doch einmal zum Bugkorb muss, verzichte ich allerdings. An der Großbaumnock befindet sich mittlerweile auch ein brauchbarer Beschlag zum Reffen, ich habe in Assens noch etwas Passendes in der Backskiste gefunden. Die Tüdelei von gestern ist nun endgültig vorbei. Es zeigt sich, dass ein Mann alleine bequem alle Segel vom Mast aus reffen kann – er arbeitet da, wo die Bewegungen des Bootes am ruhigsten sind und er einen festen Stand hat. Die Reffbändsel können dann später nach der

Fahrtaufnahme in aller Ruhe gesteckt werden. Der Zweite hält das Boot währenddessen auf einem leichten Am-Wind-Kurs, ohne Vorsegel jetzt übrigens problemlos machbar. Reffen wird so zum Kinderspiel.

Der Kurs, der anliegt, führt in Richtung Fænø Sund, aber mit mehr Segelfläche würden wir nur noch querschieben. Überhaupt, in puncto Höhe ist die Fam das Letzte, der Wendewinkel ist mies und bei Welle wird es noch schlimmer. Ein Trost: Das Schiff geht wider Erwarten auch bei Wind gut durch die Wende. Allerdings fällt es dann erst einmal auf halben Wind ab, man muss nach dem Durch-den-Wind-Gehen die Großschot weit wegfieren und Fahrt aufnehmen. Beim Kreuzen in engen Gewässern eine fatale und zeitverschwendende Sache.

Wir passieren Wedelsborg Hoved und Tybrind Vig. Hier wurde vor nicht allzu langer Zeit eine steinzeitliche Siedlung entdeckt. »Aha, schön!«, ernte ich als Kommentar, nachdem ich wieder einmal Perlen der Historie aus dem Reiseführer vorgetragen habe. Bomber und ich lassen uns dahinströmen, das Reff bleibt, je nach Wind wird die Fock gesetzt oder geborgen. Träge hängen wir im Cockpit. Ab und an wird die Soundmaschine angeschmissen. Unter den Bord-Top-Ten rangiert Marius Müller-Westernhagens Album »Live« auf Platz eins, der Platz muss aber mit einer alten Ray Charles-Nummer geteilt werden. »Makin' Whoopy« als Live-Mittschnitt: Der Titel ist bei Welle Programm. Genießerisch wird die Musik von Gummibärchen- und Lakritzschmatzen begleitet. Auch wenn wir rasch vorankommen, setzt jetzt langsam der »Entspann-dich-Faktor« ein. Also geht alles einen Gang ruhiger, entspannter eben, bis schließlich Fænø voraus auszumachen ist. Landschaftlich kommt jetzt wohl mit Abstand der schönste Abschnitt des ganzen Törns.

Wir wollen »rechts an der Insel vorbei«. An Steuerbord zieht auch die Einfahrt zum Gamborg-Fjord vorüber, wo vor der Petroleum-Ära tausende Wale, sogenannte Marsvine, eine Tümmler-Art, ihr Leben lassen mussten. Das größte hier getötete Lebewesen war ein Buckelwal. Aber der wurde schon in der Bronzezeit abgeschlachtet, lediglich ein gefundenes Skelett zeugt von dieser Untat. Heute ist natürlich der Artenreichtum zurückgegangen, doch es ist ein Gerücht, dass die Walfänger von einst jetzt als Geister Jagd auf Segler machen.

Es wird enger – und schöner. Die schmalste Stelle des Sundes misst gerade mal fünfhundert Meter – einfach fantastisch, wie es hier aussieht. »Dat Kalb von Fænø«, die kleine vorgelagerte Insel zwischen Festland, Fænø und dem Flach von Flessingen, können wir auch ausmachen. Es müsste bestimmt einen Heidenspaß machen, im Sommer mit dem Kahn auf die Insel zu brettern, den Grill anzuschmeißen und dort zu feiern. Für uns ist das jetzt nichts, wir müssen weiter und Bombers ersehnte Blondinen einfangen, wir haben auch keinen Grill an Bord. Wir können noch den Blick auf die fantastische Natur der Insel Fænø und auf das entfernte Kolding genießen, dann haut uns der Wind auf die Backe. Die Kamera, mit der ich versucht habe, einen entgegenkommenden Frachter zu knipsen, verschwindet per Tiefflug im Regal. Zwangsweise bergen wir wieder mal die Fock und kreuzen mit dem gerefften Groß nach Middelfart hoch. Eine langwierige Sache, die Fam läuft an der Kreuz soviel Höhe wie ein totes Schwein bergauf.

Aus »nett kalt« wird »noch kälter«. Gut, dass wir am Morgen vorsorglich Kaffee in die Thermoskanne gefüllt haben. Bomber und ich versorgen uns noch einmal mit dem heißen Gebräu, denn es zieht mittlerweile gewaltig und pustet uns ganz gut durch. Der heiße Kaffee ätzt die Oberlippe weg, brennt sich durch die Kehle in den Magen, aber er tut gut. Wir zerren die warmen Klamotten aus der Kajüte, dann geht es an Gals Klint vorbei in Richtung der alten Beltbrücke. Im Sund läuft Strom mit, unsere Geschwindigkeit beträgt zwei bis drei Knoten im Stromstrich – das ist gut. Dagegen steht der Ostwind – das ist schlecht. Die alte Leier: Wind gegen Strom, alte Hasen wissen schon. Wir müssen versuchen, jeden Millimeter Höhe herauszukneifen.

Weit vor uns läuft ein alter Rahsegler, sieht aus wie eine Brigantine. Ausnahmsweise laufen wir diesmal mehr Höhe als alle anderen, aber die Sailors kneifen und schmeißen vor der alten Beltbrücke ihren Motor an. Bis zu dieser Brücke dauert es für uns noch, also erzähle ich Bomber von einer früheren Brückendurchfahrt mit einer wunderschönen 21-Meter-Gaffelketch. Damals wollten wir bei leichtem Wind von achtern durch die Brücke segeln. Mein Kumpel Jo, der Skipper und ich hatten als »Befahrene« einen gemeinen Plan ausgeheckt. Insgesamt waren wir vierzehn Personen, einer davon gab natürlich den Borddepp, den jede größere Crew haben muss. Er hatte noch nie eine Brücke durchsegelt und wusste deshalb nicht, was jeder erfahrene Seemann weiß: Egal wie hoch die Brücke ist, von unten sieht es beim Durchsegeln immer so aus, als würde man sich gleich den Verklicker abfahren. Und darauf fußte unser Plan...

Oben auf der alten Beltbrücke befindet sich ein kleines Häuschen, ein Kabuff, das aussieht wie ein Brückenwärterhäuschen. Die Brücke ist mehr als vierzig Meter hoch, bei unserer Masthöhe von einundzwanzig Metern gab es also kein Problem. Wir behaupteten aber, dass der Brückenwärter die Brücke extra für uns aufmachen müsste, sonst wäre unser Mast im Eimer. Immerhin waren wir das einzige Schiff weit und breit.

Das Signal sollte ein permanent aufgeheißter und wieder nie-
dergeholter Fender unter der Backbordsaling sein, ein Job, der
natürlich unserem Borddeppen aufgehalst wurde. Der machte
sich ans Werk, Jo und ich uns an ein Bier und der Skipper
schaute mit zusammengekniffenen Augen auf die Brücke:
»Irgendwann muss sie ja aufgehen!« Der Rest der Crew merkte,
dass irgendetwas Ungewöhnliches im Gange war, die Situation
entwickelte sich, die Spannung stieg. Mit dezenten Kommen-

taren wie »Jetzt müsste es aber losgehen...« oder einem verhalten gemurmelten »Ich weiß nicht, ich weiß nicht...« erzeugten wir betretene Gesichter. So fuhren wir auf die Brücke zu. Der Skipper brüllte noch: »Alle Mann flach aufs Vorschiff, der Mast kommt gleich von oben!« Und hechtete in den Niedergang, der Rest der Crew wetzte panikartig in Richtung Bug. Alle schmissen sich der Länge nach auf den Bauch. Und wir drei Initiatoren hielten uns den Bauch vor Lachen, es war einfach zu komisch. Der Einzige, der unverdrossen seinem Job nachging, als ob nichts gewesen sei, war unser Borddepp. Er zog gleichmütig und mit unveränderter Geschwindigkeit den Fender *up and down*. Aber wenig später nahm er uns wenigstens die berühmte Postboje vor Kerteminde ab, eine Boje, in die man wie in einen Briefkasten seine Ansichtskarten werfen kann. Allabendlich holt der Havnevogt dann die Karten und gibt sie beim Postamt auf. Ein alter Brauch... Höhepunkt war jedoch, dass wir unserem Greenhorn im Großen Belt die Existenz eines sogenannten Container-Kiosks weismachen konnten. Das sollte ein schwimmender Kiosk sein, der im Sommer mitten im Fahrwasser liegt und den die Sailors anfahren können, um etwas zu kaufen, zu bunkern oder im kleinen Ausschank auf alten Ölfässern sitzend ein gemütliches Bier zu verklappen. Leider war der Kiosk natürlich nicht auf seiner Position anzutreffen, er war wohl zur Überholung in der Werft.

Nun stehen auch Bomber und ich unmittelbar vor der Brücke über den Lillebælt. Und heute sieht es etwas anders aus, als es die Postkarten zeigen. Mit ihren vier Granitbeinen stellt die Brücke ein respektables Hindernis dar – je nach Strömung und Wind. Hier müssen wir durchkreuzen. Mit dem Strom wird es ein schneller Ritt, trotz Wind gegen Strom. Die Frage ist nur, ob wir genug Power haben, um im Neer der Pfeiler noch wenden zu können. Wind und Neer können uns nämlich in Windeseile gegen einen Pfeiler ziehen und dann wäre alles ziemlich dumm gelaufen, der Tag wäre hin. Es klappt aber alles problemlos und wir segeln schließlich sogar sonnenbeschienen zur Hafeneinfahrt von Middelfart.

Einlaufen in einen neuen Hafen! Das bedeutet: Häuser, Abgase, Märkte, vielleicht aber auch Blondinen. Und kleine Nettigkeiten, die einem das Anlegen erschweren. Wir machen erst einmal alles klar. Fender werden befestigt, die ständig gefahrene vordere Festmacherleine wird außen um die Wanten herum ins Cockpit geführt, eine Heckleine angebracht, der Motor losgeknotet und abgesenkt. In seinem nassen Reich sollte »Le Motör« nun eigentlich Temperament entwickeln, aber nach kurzem Lauf tritt er in den Streik. Der erste Anlegeversuch scheitert kläglich; weiterzusegeln würde bedeuten, gegen die Kaimauer zu knallen.

Ohne Motorunterstützung möchte ich aber nicht anlegen. Immerhin soll uns »Le Motör« gegen den Wind pushen. Die Einfahrt müssen wir mit dem Strom jedenfalls sauber treffen, denn dort regiert ein leichter Neerstrom, der uns rasch versetzen könnte. Und mit unserem bescheidenen Groß haben wir im Windschatten der Mole nur wenig zu melden. Bomber hat den Motor kurze Zeit später erstaunlich gut im Griff, auf mich reagiert diese vorsintflutliche Missgeburt der Technik nicht. Wir bergen das Groß vollständig, das ohnehin im Moment nur Windwiderstand bietet. Neuer Anlauf. So passieren wir also die Mole ganz unter »Motör«. Mit Segeln wäre da nichts zu machen gewesen, der Hafen liegt exakt in Richtung Luv. Wir schieben uns im wahrsten Sinne des Wortes zentimeterweise in das Becken hinein, als der Wind plötzlich wieder aufdreht. Das ist zuviel für unseren Quirl. Die Bö reduziert unsere Geschwindigkeit auf Null. Gegenanstinken geht nicht, wir können mangels ausreichender Fahrt lediglich wie eine Gierfähre auf einer Höhe hin und her driften, mehr hin als her.

So lassen wir uns erst einmal zum Slip der kleinen Werft abdrängen und warten, bis der Wind wieder abflaut. Bomber »bewacht« den Kahn und ich mache mich auf die Suche nach dem Havnevogt. Freundlich weist er uns einen Platz zu. In einer Windpause können wir verholen und liegen am Kai des Stadthafens.

Endlich folgt das Anlegebier: »Laß es zischen, Baby!«

Kaum haben wir die ersten Schlucke hinuntergespült, gibt es wieder Action. In der kleinenLücke hinter unserem Heck will ein Fischer anlegen. Der Däne bleibt völlig locker und quetscht sich mit seinem Kahn ruckzuck in den Zwischenraum, parkt sozusagen rückwärts ein, auf den Millimeter genau, bevor wir auch nur einen Handschlag zum Verholen machen können. Ein Profi. Seine Vorleine verläuft nach Beendigung der Aktion über unser Cockpit. Sicherheitshalber bergen wir unsere Mini-Nationale, sie ist durch die Leine stark gefährdet. Aber langsam wird es wieder ruhig und wir können im Cockpit erneut zu unserem Bier greifen. Mit dem Tag zufrieden, begeben wir uns in die Kojen, um Kraft für den Abend zu tanken. Doch bevor wir unsere Segelsachen verstaut und die Penntüten herausgeholt haben, werden wir empfindlich auf die Fender und auf die am Kai angebrachten Autoreifen gedrückt. Der Wind hat auf Nordost gedreht und rapide zugenommen. Da steckt noch mehr Wetter drin.

Mir stinkt die Sache gewaltig, immerhin beult sich das GFK vom Rumpf beträchtlich nach innen. Rasch verholen Bomber und ich *Moppel* unter Motor – der funktioniert merkwürdigerweise – auf die Innenseite der Mole. Dort liegen wir perfekt, der Wind hält uns von der Mauer ab.

Nachdem wir die Festmacher gesteckt haben, finden wir Muße zu einem Rundumblick. Eine illustre Gesellschaft hat sich mittlerweile hier im Hafen eingefunden: An der Außenseite liegt die *Møre og Romsdal*, die wir vor der Brücke schon gesehen haben, davor die *Tradewind* einer bekannten Segelkameradschaft. Optisch bildschöne Schiffe. Bomber und ich verziehen uns beeindruckt zum großen Pölseressen in die Wurstbude am Hafen und sehen durch die Scheiben in aller Ruhe zu, wie das Wetter schlechter wird. Der Wind legt nach, die Sonne verschwindet und dunkle Wolken ziehen auf. Die Pölserbude ist warm, draußen fisselt der erste Regen. Deshalb genießen wir die unvergleichlichen dänischen Pölser in allen angebotenen Variationen. Trotzdem kommt dann schließlich der Schnitt, wir zahlen und verlassen das »Pölserdrome«. Völlig sattgefressen schleppen wir uns zum Schiff zurück. Der Nordnordost haut vierkant auf die Außenmole und ist so stark, dass direkt vor uns harte Wellen auflaufen. Die *Tradewind* geht ganz gut zukehr, die *Møre og Romsdal* haut es genauso kräftig auf die Mole.

Idiotischerweise hat ausgerechnet auf der Außenseite noch ein drittes Schiff am Ende der Mole festgemacht. Es ist die *Annegret* eines hessischen Traditionsvereins, eine 20-Meter-Ketch, die seit ihrem Stapellauf genau wie ihre Schwesterschiffe *Tradewind* und *Lostwind* keine Maschine hat. Die 1938 bei einer bekannten Werft gebaute *Annegret* macht sich zumindest optisch recht nett aus.

Zwei Stunden später hat der Wind massiv zugelegt. Das Heulen des Windes in den Wanten weckt uns auf. Hier stimmt etwas nicht. Raus und Lage peilen! Die Schiffe an der Außenpier gehen *up and down*, jede Welle haut sie mit enormer

Urgewalt auf die Mole. Für uns kein Problem, da wir im Innenhafen völlig geschützt sind. Die Besatzung der *Møre og Romsdal* schneidet einheimischen Fischern notgedrungen ihre letzten, nicht in Gebrauch befindlichen Kugelfender ab, um mit ihnen wenigstens die Wucht der Schläge des Schiffes gegen die Mauer zu mildern. Die Crew der *Tradewind* versucht offenbar, durch Leinenbasteleien das Schiff fester an die Mauer zu kriegen. Ein schreckliches Bild. Mit jeder Welle, mit der die Schiffe auf die Mole geworfen werden, ist ein Krachen zu hören. Dabei erzittern die Schiffe in allen Fugen.

Was dann folgt, ist meiner Meinung nach pure Idiotie, wie so vieles in den nächsten Stunden. Die angeblich so erfahrenen Seemänner der Segelkameradschaft machen Leinenspielchen und wollen augenscheinlich das auf Leegerwall liegende, schwer arbeitende Schiff fester an die Kaimauer anbinden. Aber jede Welle lässt die *Tradewind* bocken. Es ist mir unverständlich, warum die Besatzung nicht bei dem geringsten Winddreher den Pott in den Innenhafen verholt. Manpower haben sie genug, es ist ausreichend Platz für alle da und die Tiefe reicht aus. Die Show jedoch ist bühnenreif. Jeder ist Kapitän und weiß besser als alle anderen, was angeblich jetzt zu tun ist. Und der nominierte Skipper auf dem Luxuseimer ist so durchsetzungsfähig wie ein Butterhörnchen. Hier zeigt sich der Wandel in der christlichen Seefahrt. Früher: Schiffe aus Holz, Männer aus Eisen. Heute: Schiffe aus Stahl und faulem Holz, Typen aus Plastik. Schade ums Schiff.

Unsere angebotene Hilfe wird arrogant, aber deutlich abgelehnt. Zuschauen lohnt nicht, also sehen wir mal nach, was sich sonst noch so im Hafen tut. Die *Møre og Romsdal* liegt jetzt recht ruhig auf vielen großen Fendern und wir packen noch beim Dazwischenquetschen eines weiteren riesigen Kugelfenders mit an. Zum Dank werden wir auf ein Bier eingeladen. Wir entern auf, betreten das Kartenhaus.

Kaum sind wir im Inneren des Schiffes, umfängt uns wohlige Wärme. Während draußen der Sturm in den Wanten orgelt, heult und pfeift, herrscht hier eine fantastische Atmosphäre. Jedes Schiff hat eine eigene Aura, die es selbst und seine Besatzung charakterisiert. Hier merkte man wieder einmal, was sich hinter dem Begriff der Schiffsbaukunst verbergen kann. Schnörkellose, schlichte Funktionalität in bester Holzarbeit, liebevoll gepflegt und instand gehalten, alles ist solide, durabel – eine einzige Augenweide. Bomber gesteht es später ein: Genau wie mir ist ihm das Schiff von Anfang an sympathisch gewesen, es wirkt überaus gemütlich und einladend. Einige Sekunden lang fühlt man sich instinktiv in die Blütezeit der alten Rahsegler versetzt. Das Schiff hat Charakter, es verzaubert.

Das angebotene Bier reißt uns schlagartig wieder in die Wirklichkeit zurück. Wir kommen mit der Crew ins intensive Gespräch, sitzen im Schein einer Petroleumfunzel im Kartenhaus. Die Typen sind ganz okay und locker drauf. Ganz natürlich entwickelt sich die Unterhaltung über das übliche Bordgedaddel hinaus. Unser Törn wird seglerisch anerkannt. Wie wir sehen die Sailors unser Unternehmen ganz sportlich. Endlich Leute, die uns nicht wie Idioten behandeln. Gemeinsam diskutieren wir über die Wetterprognose, ihr Schiff, ihre Reise. Und so ganz nebenbei erfährt Bomber auch die Geschichte über einen früheren Diebstahl des Schiffes. Ein arbeitsloser Mann hatte sich vor einigen Jahren das Schiff unter den Nagel gerissen, konnte aber durch die Wasserschutzpolizei noch rechtzeitig gestoppt werden. Als ich Bomber auf unserer *Moppel* davon erzählte, hatte er nur ungläubig gelacht. Jetzt wird meine Version bestätigt. Kein Seemannsgarn, Bomber!

Es wird Zeit zu gehen. Wir bedanken uns für das leckere Bier, tapsen auf unseren eigenen Kahn und sehen noch den Hessen von der *Annegret* beim Manöver zu. Der Vorhang öffnet sich, die Show geht weiter.

Wahrscheinlich ist einem der Herren in einem unerwarteten geistigen Anfall der rettende Einfall gekommen: »Verholt *Annegret* von Leegerwall in die schützende Leeseite der Mole!«, wird er seinen »Kollegen« zugerufen haben, bevor er wieder in das Stadium der mentalen Umnachtung versank. Platz ist hinter unserer *Moppel* noch genug. Nach der Antwort »Hilfe? Nein, Hilfe brauchen wir nicht, das schaffen wir schon alleine. Hilfe hatten wir wirklich noch nie nötig!« holen Bomber und ich uns ein Bier aus unserem Vorratslager und nehmen Logenplätze an Land ein.

Da die *Annegret* keinen Motor hat, wird die zwanzig Tonnen schwere Yacht von Hand verholt. Dabei sind alle Crewmitglieder ständig in Bewegung, entweder reißen sie an irgendwelchen Leinen oder legen rekordverdächtige Sprints zu anderen Leinen hin. Keiner kennt die Regel, dass man eine Leine, an der das ganze Schiff hängt, besser um einen Poller oder eine Klampe führt, um sich die Reibung zunutze zu machen. Sie machen es statt dessen wie beim Tauziehen. Eine Traube von Menschen reißt an einem Tampen, während das Schiff eigentlich an einer ganz anderen Leine hängt. Diese wird nur von einem Mann bedient. Wird die Kraft an der Leine zu groß und die des Mannes zu schwach, benachrichtigt er die anderen durch wüstes Geheul: »Hilfe, ich kann es nicht halten!« Auf dieses Zeichen hin lassen die zur Traube formierten restlichen Besatzungsmitglieder ihre eigene Leine sausen und rennen zu dem Geschundenen. Der darf seinen Platz verlassen, muss aber im Gegenzug die freie Leine der anderen retten. Ein paar

Nasenbohrer stehen mit tief in den Hosentaschen vergrabenen Händen um dieses Szenario herum und geben die üblichen gutgemeinten Ratschläge.

Die Besatzung der *Tradewind* steht auch da und lästert laut. Der allgemeine und ziemlich gehässige Tenor lautet: »Warum soll es denen besser gehen als uns!« Unsere aufgespannten Ohren werden nicht bemerkt, liegen wir doch unauffällig und unschuldig im toten Winkel der Kaimauer. Bomber und ich finden es äußerst spannend, auf die Streckenlänge zu wetten, die das Schiff einen einzelnen Mann durch den Hafen ziehen kann, bevor er von den anderen gerettet wird. Ein Klassebild! Laut lästern wir fairerweise nicht, das können wir später in unserer Kajüte nachholen.

Immerhin verschafft uns die angebotene, wenn auch verschmähte Hilfeleistung später noch die Gunst, einen kurzen Schnack, eine Art Audienz gewährt zu bekommen, obwohl die Dachpappen uns nach wie vor mit widerlicher Abfälligkeit mustern. Die wollen in zehn Tagen über Skagen nach England und zurück. Ich verkneife mir die Bemerkung, dass etwas Kartenarbeit hier zumindest nicht schaden könnte. Vielleicht steht neben der Zielinsel »Great Anholt« statt »Great Britain«? Die sehen alle so komisch-wichtig aus, nach dem Motto »Palsteak – bitte medium!« Auch hier gilt: »Schade ums Schiff.« Gekleidet sind alle betont maritim, wahrscheinlich ähneln sie einem unserer Kundenehepaare aus der Segelschule, welches – komplett Henri-Lloyd-gestylt – nach dem ersten Seetörn monierte, dass auf Fehmarn die Stege so niedrig wären: »Man kommt so schwer vom Schiff runter und muss immer so schlimm wieder hochklettern!« Sie fragten allen Ernstes: »Ist das an der ganzen Ostsee so, dass die Stege derart niedrig sind?« Ein Kollege antwortete mit todernster Miene, dass die Ostsee dieses Jahr doch zu viel Wasser hätte, im Vorjahr wäre das ganz anders gewesen.

Um das Ganze zu ergänzen: Ich lernte einige Mitglieder ebendieses hessischen Traditionvereins ein paar Jahre später kennen. Nach entsprechender alkoholischer Verklappung hörte ich dann einige angeblich wahren Geschichten über die *Annegret*-Törns. So sollen Mitglieder das Schiff in den schwedischen Schären nachts ohne Ausguck bewegt haben, andere segelten den Erzählungen zufolge weit über den Kartenrand hinaus. Und bei der Ramming einer Tonne ist offenbar wohl auch die komplette Bugspitze samt Beschlag und viel Holz »to the sharks« gegangen. Doch um fair zu bleiben, muss ich meine Aussage relativieren: Es mag mit Sicherheit auch einige gute Segler in diesem Verein geben. In Middelfart beherrschte jedoch maximal die Handelsklasse B die Szene. Doch meinetwegen sollen die ihren Kahn in Klump fahren, diese Art von Vereinsdaddelei war noch nie etwas für mich. Ich bin Segler, kein Abwracker.

Dienstag

Leinenspiele – Im Wintergarten – Soundcheck

Am nächsten Morgen sind wir *Moppel*s in aller Frühe wach. Grässlich! Überall ein fades Dunkelgrau, kein einziger heller Fleck. Wasser kommt von oben und der Wind heult kräftig in den Wanten. Also machen wir noch einmal alles dicht, schlafen weiter und stehen erst gegen Mittag auf. Bevor der Tag so richtig anläuft, legen wir ziemlich verpennt und ohne Morgentoilette einen Rundgang durch die Stadt ein.

Es wird eine Tour unter der Devise: »Wie Sie sehen, sehen Sie nichts.« Die St.-Nikolai- Kirche aus dem 13. Jahrhundert ist geschlossen, deshalb können wir die beiden sehenswerten Modellschiffe *Freya* und *Neptun* nicht bewundern, die der Kirche seinerzeit von Walfängern geschenkt worden sind. Auch die schönen alten Häuser des Ortes versprühen bei dem anhaltenden Regen ihren Charme nur sehr gebremst. Frustriert erklären wir den lokalen Supermarkt zur plünderbaren Zone und versorgen uns mit Brot und Käse. Anschließend legen wir uns wieder hin, in der Ruhe liegt die Kraft. Den Tag können wir komplett streichen.

Das Weitere träumte ich im prägnanten Stil von Captain Kirk: »Scotti, beam me up – das Wetter ist bescheiden. Computerlogbuch der *Moppel*prise, Sternzeit Dienstag, 15.30 Uhr, Wind sieben Beaufort, in Böen mehr. Regen. Der Himmel ist schwärzer als unsere Unterhosen. Stimmung gut. Spray und

Wind auch gut. Alle Nachbarn arbeiten mit Leinen und Fendern, nur wir liegen gut.«

Geweckt werde ich von einem lauten »Rumms« und einer Schaukelei ohne Ende. Irgendjemand ist auf unser Vorschiff gesprungen. Merke: Boote bespringt man nicht, Boote besteigt man! Eine deutsche Stimme auf unserem Vorschiff stöhnt: »O mein Gott, was ist denn das für 'ne Scheiße!«, während der Kahn wie verrückt von einer Seite auf die andere geigt. Hoffentlich bleibt dieser verdammte Trottel einfach nur am Mast stehen, wir sind hier nicht die *Gorch Fock*, denke ich aufgeschreckt, entledige mich blitzartig meiner Penntüte und hechte raus, Bomber folgt mir mit unseren zwei angebrochenen Dosen Bier in der Hand.

Auf unserem Vorschiff spielt sich eine Leinenfangtragödie ab. Mitglieder der uns inzwischen sattsam unsympathischen Segelkameradschaft verholen gerade ihre *Tradewind* von Hand in den Hafen. Das Schauspiel des gestrigen Abends wird fortgesetzt. Der blanke Unsinn. Anders kann man auch beim besten Willen diese Farce nicht titulieren. Wie gestern kommandiert jeder jeden. Keiner hat einen Plan. Auf unserem Vorschiff steht ein Typ mit schreckgeweiteten Augen und hält sich krampfhaft am Mast fest, irgendeine Leine hat er noch in der Hand.

Meine Kommentare fallen entsprechend aus, die Reaktionen auch. In den Augen der anderen steht so ein Ignorant im strömenden Regen, unrasiert, barfuß, in widerlichem T-Shirt, mit einer Buddel Bier in der Hand und fragt laut und präzise: »Was macht ihr denn da für 'ne Scheiße?«

Das tut weh und das soll es auch...

Bomber und ich beschließen, dem Wetter Hygiene entgegenzusetzen und den Frust durch »Eau de Möff« wegzustinken. Wir packen Duschzeug und frische Klamotten und ziehen los.

Aber die Duschen direkt im Hafen werden von Tieren belagert, die im Gleichschritt durch die Räume marschieren. Irgendwie erschreckend. Wir orientieren uns wieder einmal an dem schon vertrauten Spruch: »Heute bleibt die Dusche kalt – scheißegal, dann stink' ich halt.« Zu eklig. Die Sache mit der mangelhaften Hygiene lässt Bomber und mir jedoch keine Ruhe, auch wenn meine transpirative Funktionsunterwäsche erstklassig die Mücken abhält. Das Zeug ist spitze. Der Schweiß wird nach außen transportiert und der Körper bleibt trocken. Jedoch dringt mein herb-markanter Eigengeruch schon durch den darüberliegenden Fleece-Pulli. Und nur ein sauberer Segler ist ein guter Segler! Es steht fest: Wir brauchen heute noch Duschen.

Abends tapern wir schließlich in Richtung neuen Middelfarter Hafen, der Run auf die Duschen soll folgen. Aber es kommt kein Hafen in Sicht. Nur nette Häuser, nette Wohnviertel, Bäume und tote Straßen. Bomber und ich entdecken in einem Vorgarten einen Apfelbaum und führen uns ein paar Vitamine zu. Die Früchte schmecken relativ herb, das Kerngehäuse hat beim Wurf aber verflixt gute Flugeigenschaften.

Schließlich landen wir nach neuerlicher Kursänderung in Kongebro und klopfen bei einem deutschen Motorsegler an. Vielleicht können die Jungs uns ein paar Duschmarken für das örtliche Seglerheim verkaufen. Zuerst sind alle abweisend und unheimlich distanziert. Natürlich hat keiner eine Marke, schon gar keine, die er verkaufen könnte. Es hat auch noch nie jemand überhaupt etwas von der Existenz irgendwelcher Marken auf der ganzen Welt gehört.

Bevor wir uns aber frustriert abwenden können, taucht der Skipper aus dem Niedergang auf. »Seid ihr das mit der Fam da im Stadthafen?«

Als wir bejahen, bringt er erst einmal seine Leute auf Trab. Wir erhalten ausreichend Duschmarken, er schenkt sie uns sogar. Dann fragt er noch nach dem Törnziel.

»Rund Fünen? Jungs, warum tut ihr euch das an?«

Das Seglerheim ist sauber und gut ausgestattet. Es ist alles da, was unser Herz begehrt. Und die heißen Duschen sind Erholung pur für Körper und Seele. Einige Kilos leichter verlassen wir die gastliche Stätte und flanieren zurück zum Schiff. Im Hafen hat sich etwas getan: Die *Møre og Romsdal* hat mittlerweile abgelegt, auf ihrem Platz hat sich nun die *Seute Deern* breitgemacht. Lauter schöne Schiffe...

Unser Sauberkeits- und Verwöhntick hält an. Erst einmal bekommen Bomber und ich einen Putzfimmel und machen ausgiebig Reinschiff. Dann bauen wir uns aus den mitgenommenen Planen eine Cockpitpersenning, die achtern mit dem Bootshaken ausgespreizt wird. Auf die Holztür wird der Fam-Deckel, die eigentliche Abdeckung für das Kajütschlupfloch, gelegt, und nach ersten Misserfolgen gelingt es, ihn durch einen Tampen am Baum zu fixieren. An den Baum kommt die zweite Petroleumfunzel, damit schaffen wir unter der Persenning eine richtige Wintergartenatmosphäre. Im Vorschiff, also im »Regal« haben wir eine von Ulf B.s trüben Taschenlampen angeknipst. Sie liefert zusätzlich zur Petroleumfunzel ein warmes Licht und illuminiert so die Fächer. Wir ernennen sie großzügig zur Vitrinenbeleuchtung. Alles sieht fast so gemütlich aus wie im Einrichtungskatalog. Seit diesem Zeitpunkt nennen wir das Schapp »die schwedische Vitrine«.

»Die Bar ist geöffnet!«

Barmixer Bomber legt vor: Lumumba ist angesagt. Die Mischung ist zuerst normal, dann king-sized, schließlich im

B&P-Format. Beim zweiten Becher bekommen wir mit, dass sich der Shanty-Chor der *Seute Deern* mit Ray Charles von unserer Soundmaschine anlegt. Beim Blick aus dem Fenster fällt uns fast der Becher aus der Hand: Nachts um zwei Uhr sind *all hands* an Steuerbord angetreten und röhren, was die Lungen hergeben. Doch wir haben leider keinen Shanty-Abend geplant, also zerren wir die Lautstärkenregler auf und freuen uns unseres Lebens. Was will man mehr – einen sauberen Körper in einem sauberem Schiff, der einen vollen Becher Lumumba festhält. Jetzt muss das After shave die Mücken abhalten. Prost, Lummmummmbaaah!

Mittwoch

*Kongebro, Kongebro, macht den stärksten Segler
froh! – Nouvelle cuisine im Seglerheim –
Bomber und die Beltmonster*

Erwachen bedeutet sterben, denn der Rum zeigt seine fatale
Wirkung. Die Nacht war ohnehin herb, zwischen den einzelnen Böen gab es nur fraktionierten Schlaf. Gegen vier Uhr
hatten sich Abgesandte der *Seute Deern*, der *Annegret*, der
Tradewind und der *Moppel* zufällig gleichzeitig zur gemeinsamen Verrichtung gewisser Geschäfte getroffen – *all hands* nach
Lee der Mole. Gemeinsame Aufgaben erzeugen – zumindest
kurzzeitig – Einigkeit.

Morgens ist es zunächst wieder trübe, es regnet stark. Trotzdem läuft die *Tradewind* aus – mit einem donnernden »Danke,
Annegret!« bedankt sich der Chefchaot für die Ablegemanöverleinenhilfe beim Schwesterschiff.

Dort ist man gerührt: »Nein, einfach tollkühn, diese
Burschen, jetzt auszulaufen!«

Nun gut.

Der Wind ist soweit brauchbar, stark, aber konstant. Generell
stünde einem Schlag unter Segeln nichts im Wege. Was uns
stört, ist der Regen. Wir könnten los, aber vor uns würde eine
dicke Kreuz liegen, später, nach der Huk bei Strib könnte es
dann ein äußerst knapper Anlieger sein. Die Regenschauer würden uns dabei jedoch völlig durchfeuchten und wir müssten

dann mit einem klatschnassen Kahn rechnen, wenn wir schließlich in Bogensee unser Ölzeug auszögen. Nichts gegen Regen, aber diese Schütterei und die zuweilen doch recht netten Böen brauchen wir uns in Form einer permanenten Kreuz wirklich nicht anzutun. Nicht mit *Moppels* berühmter Höhe am Wind.

In einer kleinen Regenpause heizen wir nur unter Fock mit einem Affenzahn nach Kongebro. Der Hafen ist frei, wir sind das einzige Schiff im Hafen. Kaum angekommen, starten wir eine große Schappi-Time im Aufenthaltsraum des Seglerheimes. Neben Tischen und Stühlen, einem Sofa und einem Kamin gibt es dort auch eine komplette Kochzeile, die wir nutzen können. Egal, ob Fünen rund wegen der schlechten Witterung im Eimer ist, die Stimmung ist super. »Kongebro, Kongebro – macht den besten Segler froh.«

Bomber, die deutsche Antwort auf Paul Bocuse, brutzelt einen Gang nach dem anderen und wir fressen uns regelrecht voll. Erdmanns Tips folgend hauen wir große Mengen vitaminreicher Zwiebeln in das Essen. Das ist gut gegen Skorbut oder Faulfieber. Ray Charles' »Makin' Whoopy« und Marius' »Life«, das Doppelalbum, wechseln sich soundmäßig wieder mal ab. Wir entspannen mit einem erstklassigen Blick auf den Belt und die Brücken. Ein kleines Kaminfeuer prasselt extra für uns. Leider ist es zum Fotografieren zu dunkel.

Ein gemütlich aussehender Däne kommt, ein Clubmitglied. Er hat eine Feierabendregatta zwischen drei, vier Booten organisiert und besorgt uns das neueste Wetter. Wir unterhalten uns lange, über das Segeln, klaro. Dann schauen wir dem Race zu. Segeln können die, es ist toll, die holen richtig was aus ihren Schiffen raus. Schade für die Crews, dass es regnet.

Bomber und ich pennen uns erst einmal im Heim aus. Als der Regen zwischendurch aufhört, nutze ich die Gelegenheit und tapse aufs Schiff zurück. Luxus hat seinen Preis, der Havnevogt kommt und kassiert mitleidlos sechzig Kronen Havnepenge – derselbe Typ, der auch in Middelfart-City den Chef macht. Trotzdem: Kongebro ist das Geld wert. Ich repariere noch die Fock, die einige Risse im Sichtfenster hat. Tape hilft auch hier, ich denke, dass das Material für das Fenster wohl schon vorher irgendeinen Schaden oder einen Knick gehabt haben muss.

Die Dänen haben mittlerweile wieder festgemacht und trocknen sich wie wir vor ein paar Stunden im Seglerheim. Sie sind klatschnass geworden, hatten aber eine Menge Spaß. Jetzt befeuchten sie sich kräftig von innen. Ich erhalte noch einmal ein Papier mit dem »hyperaktuellsten« Wetter, schon fix und fertig auf Deutsch übersetzt. Das ist das Schöne an den Dänen, sie erledigen so etwas ruhig, ohne Getöse. Mancher unserer Landsmänner macht daraus leider eine richtige Show.

Bomber braucht noch etwas Bewegung, er entschließt sich, am Uferweg einen Spaziergang zu machen. Mit einem lockeren »Bis nachher!« verabschiedet er sich und verschwindet in der Dunkelheit. Ich rolle mich auf meine Koje und greife genüsslich zu Haribo & Co, als es plötzlich wieder einen Riesenaufruhr gibt. Bomber ist zurück und hat sich offensichtlich ohne Rücksicht auf Verluste durch den zusammengebrochenen Wintergarten gearbeitet. Seine Augen sind schreckgeweitet und er hechelt verhalten. Zur Beruhigung reiche ich ihm meine Dose Bier, über die er sich ohne Zögern hermacht.

So gestärkt kann er wieder Buchstaben zu Wörtern zusammenziehen. Was war denn nur los? Der Anfang des Spazierganges war recht nett, weiß er zu berichten. Doch am Ende der Mole hatte er gespannt zwei helle Punkte auf der Wasseroberfläche betrachtet. Urplötzlich wurden die Flecken größer

und mutierten zu gigantischen Lichtquellen, an deren Enden zwei in schwarzes Neopren gekleidete Taucher hingen. Unmittelbar vor Bombers Füßen entstiegen sie den Fluten und kletterten über die Steine ans Ufer. Der Vorgang hatte sich so schnell abgespielt, dass Bomber noch nicht einmal Zeit geblieben war, seine Futterluke wieder zuzuklappen. Waren die Außerirdischen gelandet? Mitten am Abend erscheinen die Beltmonster! Bomber hatte jedenfalls erst einmal seinen Schock weg.

Donnerstag

Die See ruft! – Träumereien auf offenem Meer –
Eine Zaubermaus

Der Tag beginnt im Seglerheim. Das Wetter ist immer noch nicht prall, eher verhangen, feucht, »fisselig« und muffelig. Zwei Möglichkeiten gibt es: Entweder ändert sich das Wetter und der Himmel reißt auf, oder Wind und Regen bleiben, sodass »Fünen Rund« praktisch gescheitert wäre. Wir haben unsere Puffertage verbraucht. Es bleibt also die Qual der Wahl: Kolding und Nightlife oder weiter, soweit uns *Moppel* tragen kann. Koldings Nightlife haben wir früher schon einmal zur Genüge ausgekostet, so etwas bringt nur Probleme. Damals mussten Bomber und ich unabhängig voneinander fast jedes Wochenende in Dänemark »nach dem Rechten sehen«. Wie hätte es auch anders sein können, beide Damen waren blond. Immerhin habe ich auf der Strecke Ruhrgebiet – Kolding seinerzeit einige nette Rekorde aufgestellt. Der Elbtunnel ist sowohl bei Tempo 220 als auch im Stau ein grandioses Erlebnis, wenn man die richtige Einstellung hat.

Wir überlegen also nicht lange, verschieben erst einmal alle weiteren Pläne und lassen es uns gutgehen. Dann rechnen wir noch einmal mit spitzem Bleistift alle Entfernungen nach. Kolding ist eindeutig die schlechtere Alternative. Sofern nichts mehr dazwischenkommt und *Moppel* einigermaßen läuft, können wir noch immer die große Runde schaffen.

Gegen Mittag zeigt sich ein leichter heller Fleck in Luv. Der Wettergott hat wohl ein Einsehen und stellt das Wasser ab. Wir überlegen nicht länger, schließlich sind wir angetreten, um diese verflixte Insel zu umrunden und nicht, um in irgendeinem Hafen auf dem Trockenen liegenzubleiben. Also schmeißen wir die Kneipen- und Zappelhallenpläne weg und entscheiden uns zum Auslaufen.

Die endgültige Entscheidung fällt beim Lösen der Vorleine, als ein winziger Sonnenstrahl das Boot trifft: Weiter! Nix Kolding oder zurück in den Kleinen Belt. Es wäre doch gelacht, wenn wir das nicht schaffen würden. Jetzt kommt also endlich der zweite Teil von Bomber & Paganini on Tour – der Norden. »Le Motör« gibt alles, um uns aus dem Hafen zu schieben. Übrigens: Kann ich Kongebro weiterempfehlen? Bloß nicht, sonst wollen alle hier in diesem netten Hafen liegen.

Unser Tatendrang in Ehren, aber vor uns liegt gleich das erste Hindernis: eine dicke Kreuz unter der neuen Brücke hindurch. Noch befinden wir uns in der etwas geschützten Zone zwischen den beiden Beltbrücken. Aber die Kreuz will konzentriert gesegelt werden, wenn wir nicht *moppel*typisch allzuviel Höhe verschenken wollen.

Bomber ist mächtig beeindruckt von der neuen Beltbrücke. In der Tat, sie ist imposant, einfach riesig in ihren Dimensionen. Länge 1700 Meter, Durchfahrtshöhe 42 Meter, die zwei gewaltigen Säulen haben eine Höhe von 120 Meter. Die Lillebæltbrücke ist immerhin Dänemarks erste Hängebrücke und wurde 1970 eingeweiht. Wie beschrieb ein bekannter Konstrukteur den erfolgreichen Bau einer Hängebrücke: »Errichte einen Ständer, spann über ihn ein Tragseil von Ufer zu Ufer, daran hängst du dann die Brücke auf.« So einfach geht das. Kann doch jeder, oder?

Wir malen uns aus, wie das so ist, wenn man oben auf der Brücke steht und auf arme kleine Segler runterspucken kann. Ein grässlicher Gedanke, reden wir lieber von etwas anderem und machen noch ein Foto, die Brücke ist imposant, einfach gigantisch. Zwischendurch, während wir so kreuzen, gibt es komischerweise immer wieder einen leichten Regenschauer und das, obwohl wir heute unsere Teller leergegessen haben. Der Himmel bleibt danach bedeckt, aber der Regen verabschiedet sich erst einmal geflissentlich. Wir kreuzen mit vollem Groß und vollem Bauch. Dabei machen wir relativ gute Fahrt. Der Haken ist aber der Strom, der uns jetzt entgegensteht, also von Norden her in den Belt führt. Wir versuchen ihn dort auszutricksen, wo er schwach ist, und testen die Randzonen Das Ergebnis ist jedoch nur eine geringfügige Verbesserung. An der Kreuz ist das Segeln mit der Fam eben wie das Löschen eines Feuers mit Öl: Es wird alles immer schlimmer.

Bomber verschwindet kurz in der Schlupfkajüte und taucht mit einer neuen Kopfbedeckung aus dem Keller wieder auf. Es handelt sich um ein unglaubliches Modell, das eine Art Kreuzung aus OP-Kopfbedeckung, Nachthaube und Bommelmütze darstellt. Im Augenblick ist dieses Ding noch weiß, ich bin aber überzeugt, dass sich das ändern wird. Im Ganzen erinnert Bomber jetzt sehr an den Weihnachtsmann. Rote Pausbäckchen und der strenge Geruch vom Rentier... Wie dem auch sei, die Mütze ist jedenfalls eine willkommene Ablenkung. Ich selber sehe auch nicht unkomisch aus: eine dunkelblaue Mütze, darüber einen giftgrünen Ohrwärmer, alles so auf den Kopf gezogen, als wollte ich Modell für einen Pop-Art-Pilz stehen.

Der viereckige, laut Handbuch angeblich weiße Leuchtturm von Strib, der noch aus dem Jahr 1900 stammt, ist mittlerweile querab. Ich kenne ihn noch aus Tagen, als er frisch gestrichen worden war und hell im Sonnenlicht leuchtete. Jetzt sieht er lediglich grau und mitgenommen aus. Trotzdem freue ich mich über seinen Anblick, beweist er uns doch, dass wir vorwärtskommen. Darüber hinaus signalisiert er die Öffnung des Belts. So naiv sich das anhören mag, aber nach diesem Leuchtturm sind für mich wieder das See- und das Seh-Feeling angesagt. Die Wellen schaukeln *Moppel* wieder sachte auf und nieder und ab der Öffnung des Kleinen Belts ist nach meiner Meinung eine exaktere Navigation angesagt, mit dem einfachen Absegeln des Ufers ist hier Schluss. Unser Standort muss ermittelt und in die Karte übertragen werden.

Mit dem Silva-Kompass lassen sich einigermaßen brauchbare Werte für eine Kreuzpeilung nehmen. Er arbeitet für seine Größe und Preisklasse sehr genau und schwingt bei einer Peilung schnell ein. Ein sauberes, unproblematisches Arbeiten. Unser Kurs wird weiter stündlich überprüft und der Ort wird nach Sitte und Gebrauch in die Karte eingetragen. Angesichts des grauen Himmels können wir uns keine Faxen erlauben, da wir Bogenses Hafeneinfahrt vielleicht bei auflandigem Wind im Nebel treffen müssen. Besser gleich in den Hafen kacheln, als »Dumm gelaufen, Tach is' hin!« sagen zu müssen.

An der Pinne wechseln Bomber und ich uns in langen Intervallen ab. Er fährt ruhig und sicher, hat das Boot gut im Griff und sieht die Böen rechtzeitig. Mit Grausen denke ich an so manchen Segelschüler, der auf dem heimatlichen Teich schon herbe Schwierigkeiten hatte, einfach nur geradeaus zu fahren. Von Schotarbeit oder Segeln mit Welle ganz abgesehen. Bomber – ein Naturtalent – hat den Riecher für die Bootsbewegungen. Er lässt die Kiste nicht in die Wellentäler krachen und fährt die Pinne sehr feinfühlig, sofern man das bei unserem angehängten Brett überhaupt kann. Richtig ausgewogen liegt die Fam nie auf dem Ruder, die Arbeit an der Pinne kostet Kraft. Eine leicht vorbalancierte Konstruktion wäre hier nicht schlecht.

Zwischendurch habe ich Zeit und Muße, einfach nur das Segeln zu genießen. Anders als ich es befürchtet hatte, brauche ich hier nicht in einer Art »Allzeit-bereit-spring-los-und-retten-den-Kahn-Stellung« zu hocken. Im Gegenteil, ich könnte mich sogar ablegen, Bomber hat alles im Griff. So leiste ich mir den Luxus, den Kopf *offline* zu schalten und gönne mir eine Auszeit, in der ich mit meinen Gedanken einfach nur allein sein möchte.

Der Törn läuft bis jetzt in etwa so, wie ich ihn mir vorgestellt hatte. Na gut, wir haben in Middelfart Zeit verloren, aber das gehört dazu. Den Komfort, diese Zeit mit PS auszugleichen, haben wir nun mal nicht. Uns treibt aber auch keiner; was wir nicht schaffen, bleibt liegen, der Spaß am Segeln steht im Vordergrund, eine Fam ist schließlich keine Rennziege. Der Kontakt mit der Natur ist überwältigend, die Nähe zum Wasser auch. Man braucht nur die Hand über die Bordwand zu strecken und hat nasse Finger. Die Aktion hat eben doch eine andere Qualität als die üblichen Dickschiff-Törns oder die Regattaheizerei.

Wenn Menschen segeln, dann wollen sie ihre Träume verwirklichen. Der eine mutiert zu Captain Bligh, andere fühlen sich als »Ocean adventurer« und schwärmen auf dem noch so kleinen heimatlichen Tümpel von karibischen Stränden. Eine Minderheit träumt davon, einfach nur ein größeres Schiff zu haben als die anderen, und manche sind schon glücklich, wenn sie sich überhaupt nur an Bord eines Schiffes befinden. Ich habe vielleicht eine Vorliebe für das einfache Leben an Bord. Kann auch Fernweh sein. Egal.

Und Bomber? Tja, für ihn war wohl der erste Kontakt zum Boot ein Schock, trotz aller Vorwarnungen. Ich frage ihn jetzt lieber nicht nach seiner Törnkritik, das hebe ich mir für das Ende auf. So wie er an der Pinne sitzt, hat er offensichtlich einen Heidenspaß und ist völlig relaxed. Von einem Engekoller oder einem Kleinbootsyndrom, vor dem ich gewarnt worden war, ist überhaupt nicht die Rede. Bomber und ich verstehen uns zu gut und die Situation auf dem Boot zwingt uns ja auch keine anderen als die bekannten Verhaltensmuster auf. Hier kann jeder machen, was er will und wozu er Lust hat. Der tradierte B&P-Spruch »Entspann dich, Baby« zieht sich wie ein roter Faden durch den Tag.

Unsere Bordroutine hat sich ziemlich schnell eingespielt. Eine feste, vorgeplante Arbeitseinteilung nach minutiös aufgestelltem Plan oder so gibt es nicht. Na gut, an mir bleiben das Seemännische und die Navi hängen. Trotzdem wird Bomber in Entscheidungsprozesse eingebunden; er weiß auf jeden Fall, was gerade anliegt. Eine Geheimniskrämerei oder Wissenschaft mache ich aus der Navi nicht, warum auch. Wir sind ja hier nicht im Pazifik und winden uns auch nicht durch eine Unzahl kleiner Riffe.

Stress? Och nöö, den gibt es einfach nicht. Und es soll auch nicht zu einer Art Crash-Kurs in Sachen Segeln für Bomber werden. Er hat ein gutes, individuelles Lernverhalten drauf, er macht »*learning by doing*« und »klaut« viel mit den Augen. Meine Ängste, mit einem – relativen – Anfänger zu segeln, waren in diesem Fall unbegründet.

Ich hole mir noch ein Bier aus der Bilge und während ich

genüsslich schlürfe, muss ich unwillkürlich an die Segelschule und die Schüler denken, die mir so im Lauf der Zeit begegnet sind Die vielen Netten, mit denen die Stunden Spaß gemacht haben. Aber leider bleiben in der Erinnerung oft nur die Extreme so richtig hängen. »Schiffsführerin« darf sich zum Beispiel auch eine Dame nennen, die sich mit Beta-Blockern vor der Prüfungsangst gedrückt hatte. Was macht die nur bei richtig Stress? Oder das Ehepaar, das sich – wie so viele – nicht ganz einig über die aktuelle anzuwendende Nautik war. Als sie vor dem Wind vierkant mit einem Mordsbums gegen den Steg krachte, dass der nur so wackelte, brüllte ihr Männe: »Machen Sie sich nichts daraus, autofahren kann sie auch nicht!« Einen Tag später bestand sie die praktische Prüfung, aber er fiel durch. Ich habe ihm das gegönnt.

Eine Erinnerung wert ist auch der Zahnarzt, auf dessen Kopf ich einen Kasten Bier ausgesetzt hatte. Leider hat es keiner geschafft, dieses Ekel vom Steg ins Wasser zu befördern. Er hatte eine sympathische Verlobte, die unter seiner gestrengen Fuchtel grundsätzlich alles ausbaden musste, was er in den Sand setzte. Eines schönen Tages brachten sie seine Mami mit auf den Steg. Deren Videokamera sollte seine Heldentaten festhalten – er agierte natürlich mit weißer Mütze und Lackschirm und Muttern war reichlich mit Gold beschwert, damit sie im Falle eines Falles auch garantiert unten bleiben würde. Schon die erste Halse zerschlug ihren Hut, die achtzig Zentimeter lange Feder knickte in der Mitte ein.

Unsere ersten Kommentare waren noch halblaut: »Junge, was wünschst du dir zu Weihnachten?« – »Ach Tante, wenn du mich so fragst: den Erbfall!«

Dann legte er ab, Mami blieb am Steg und filmte. Das Manöver ging in die Hose und er machte seine Verlobte vor ausgesuchtem Fachpublikum rund. Drei Segellehrer hatten die Nase voll und erteilten ihm endlich quer über den Steg eine lautstarke Abfuhr. Und Mami filmte, was die Akkus hergaben...

Gediegen war auch der Typ, der eines Sonntags mit dem Aufriss der letzten Nacht bei böigem Wind den Helden spielen musste. Seine Mieze sah aus wie die Karikatur einer Manta-Blondine mit hohen Absätzen, kurzem Rock, Modeschmuck ohne Ende und aufgebrezelt wie zum Verkauf in einem Neppladen. »Liebe Blondinen und Blondininnen...« So ging es völlig übertakelt auf die Jolle. Beide kippten natürlich rein, Schwerkraft ist doch manchmal ein so teuflisches Ding! Ihr Make-up war leider nicht wasserfest, das gab ein buntes Bild. Doch die Pömps konnten aus dem Schlick geborgen werden. Dann fing er an, ihr zu erklären, woran sie überall ziehen sollte. Sie zog und zerrte an allem Möglichen und er stand bis zum Hals im Wasser und dirigierte die Arbeit. Wenig später gellte ein Schrei über das Wasser: »Meine Nägel!!«

Irgendwann hinter der letzten Huk frischt es dann auf, Wind vier bis fünf, wir müssen reffen. Ich kalkuliere mit weitaus mehr als satten zehn Grad Abdrift und fahre damit ganz gut. Der Versatz rührt nicht zuletzt von unserer komischen Bootskonstruktion her. Aber mit einem Schrick in den Schoten läuft die Fam recht solide und macht auf den immer höher werdenden Seen eine ganz brauchbare Figur in puncto Speed. Und obwohl wir relativ schwer beladen sind, kommt die Kiste auf der Welle brauchbar raus und dann und wann schaffen wir es auch, eine Welle hinunter zu rutschen.

Nachahmer sollten hier im Norden Fünens die Distanzen von Hafen zu Hafen berücksichtigen, denn hier bestimmt ausschließlich das Wetter den Törnverlauf. Wer in schwieriges Wetter kommt, muss – genau wie auf den Strecken an der Ostseite – eben hindurch. Pause machen und auf 'nen Kaffee abhauen geht hier nicht.

Richtig auffällig wird einem dies natürlich, wenn man hier mit einer Kleinlutsche segelt. Von einem ein Meter hohen Deck einer größeren Yacht hat die Küste eine andere optische Wirkung auf den Betrachter, als aus einer Plicht mit dreißig Zentimetern Freibord.

Trotz aller Erwartungen haben sich gewisse Probleme an Bord unserer *Moppel* aber nicht eingestellt. Im Gegenteil, die Kajüte wird anscheinend von Tag zu Tag größer, auch wenn aufrechtes Sitzen immer noch nicht möglich ist. Vielleicht sind wir auch einfach nur gelenkiger geworden. Immerhin müssen wir in der kleinen Schlupfkajüte ganz alltägliche Bewegungen stark komprimiert ausführen. Anziehen? Hosen im Liegen, Pullover im Sitzen! Kochen? Wir sitzen uns dabei gegenüber, zwischen den Beinen steht der Kocher. In der Regel spielt Bomber den *Chef de la cuisine* und ich darf im Cockpit Zwiebeln schälen, ohne zu heulen. Bei allen Tätigkeiten versuchen wir, Unfälle zu vermeiden und sind bemüht, uns nicht in irgendwelche Ausrüstungsteile einzuspleißen. Es geht alles, auch ohne den erwähnten Fuß des Mitseglers im Gesicht zu haben.

Es wird Zeit, die Gedanken über Bord zu werfen und sich wieder auf Schiff und Gegend zu konzentrieren. Parken wir immer noch am Eingang zum Kleinen Belt? Zieht uns ein Seeungeheuer mit Macht wieder in Richtung Westen? Man kann ja nie wissen... Wir haben aber Glück, es geht gut vorwärts. Schon von weitem ist der charakteristische spitze Kirchturm von Bogense zu sehen. Die kleinste Stadt Fünens ist aus einem Fischerdorf um das Jahr 1300 herum entstanden. Die Marina ist aus der Distanz schnell auszumachen, weniger dagegen die Einfahrt. Diese zeigt sich erst ziemlich spät, hilfreich war hier der Blick auf eine Luftaufnahme des Hafens in Bahnsens »Dänemarks Häfen aus der Luft« bei der Törnvorbereitung.

Vor Bogense reißt uns dann schließlich der Geduldsfaden. Der Wind hat wieder mal leicht gedreht. Wir nehmen das Reff raus und laufen zunächst raumschots, dann nach der Ansteuerungstonne vor dem Wind in Richtung Hafen. Schwert hoch und lass ballern mit dem Kahn. Furioses Finale ist das Hindurchrauschen durch die Hafeneinfahrt – wir sind drin.

Einen Liegeplatz finden wir auch schnell. Dank unseres geringen Tiefgangs können wir weit vorne bei den »kleinen Kähnen« anlegen. Die Zeit drängt, es ist kurz vor Ladenschluss. So wie wir sind, beide »in Öl«, Bomber immer noch mit der unbeschreiblichen Mütze, laufen wir erst einmal zum Hafenmeister. Fehlanzeige, keiner da, aber der Wetterbericht hängt am Fenster. Dann geht es weiter zum Shop, um Brötchen zu bestellen und Telefonkarten zu besorgen und zum Schiffsausrüster. Wir brauchen neues Gas für die Zweite Generation, entern den Laden und sind erst einmal sprachlos: Hier bedient eine von Bombers erträumten fünf blonden Däninnen, eine Zaubermaus mit Traumfigur! Fantastische Beine! Wir bekunden Interesse, unter anderem auch an den Gegenständen, die da so zum Verkauf angeboten werden. Die Zeit vergeht leider viel zu schnell und der Ladenschluss rückt in greifbare Nähe. Wir brauchen Gas! Die Pflicht ruft und wir müssen ein gebrochenes Herz zurücklassen. Draußen wartet allerdings auch schon das assoziierte Blondinen-Transportkommando in Gestalt des Ehemannes. Seemann(s)los, Baby – *there are no better lovers than sailors!*

So schlappen wir los. Nach dem Passieren des langen Hafenschlauches für Fischereifahrzeuge kommen wir zu einem Campingplatz, ein Shop ist angegliedert. Nichts wie hin. Der Platz scheint zur Zeit wenig belegt zu sein, aber für die paar Hansels sind wir offensichtlich das siebte Weltwunder. Männlein wie Weiblein gaffen uns nach, obwohl wir doch relativ normal aussehen. Wahrscheinlich gelten wir in dieser Einöde als frisches Blut und könnten dieser abgeschiedenen Wohnsiedlung durchaus neue Impulse geben. An unserem Outfit kann es nicht liegen! Gas gibt es hier aber auch nicht. Letzter Versuch: ein Baumarkt in nächster Nähe – wieder Fehlanzeige. Gut, dass wir ein Bier mithaben. Es hat zwar geringen Heizwert, aber nach dem Konsum macht einem die fehlende Gaskartusche nichts mehr aus. Immerhin ein schwacher Trost.

Mangels Gas und der Aussicht auf ein kaltes Essen haben wir verständlicherweise erst einmal wenig Lust, wieder zum Kahn zurückzulatschen, nichts treibt uns an den ungeheizten Herd. Morgen werden wir schon eine Kartusche finden, vielleicht wird uns der Hafenmeister einen Tip geben können. Machen wir lieber noch ein kleines Sightseeing.

Das Stadtbild ist geprägt von malerischen alten Häusern, die in einem Superzustand sind. Einfach faszinierend. So flanieren wir begeistert durch die Gegend. Vorbei am angeblich schönsten Marktplatz der ganzen Insel. Entdecken *en passant* die Kopie des belgischen Manneken Pis. Selbstverständlich wird auch der kleine romantische Stieg, der am Flüsschen Bybækken vorbeiführt, von uns »mitgenommen«. Der Logbuchgast bekommt den Auftrag »sehr idyllisch« zu notieren. Toll sind kleine Details an den Häusern. Das geht von polierten Messingtürklopfern oder anderen kunstvoll gearbeiteten Beschlägen bis hin zu fantastischen Tür- und Fensterkonstruktionen oder Giebeln. Bogense ist ein wirklich gelungenes Beispiel für angepasste moderne Städtesanierung: Die alten Häuser wurden ausgezeichnet restauriert, Neubauten fügen sich harmonisch und unauffällig in das Gesamtbild ein. Insgesamt sehr empfehlenswert.

Wir schauen uns alles an, finden aber außer den Sehenswürdigkeiten keine gute Kneipe, für die es sich lohnt, im Alarmstartverfahren zu duschen. Also schlendern wir langsam zum Hafen zurück. Der Shop hat jetzt leider zu, die wahnsinnstolle

Verkäuferin ist weg. Pech gehabt! Besinnen wir uns eben auf unsere Lieben daheim. Wir suchen die Telefonzelle. Alle Angerufenen sind wohlauf und freuen sich zunächst mehr oder weniger heftig, etwas von uns zu hören. Zumindest mein Telefonat verläuft im Weiteren harmonisch und ich reiche meinem etwas angefressenen Ersten Offizier ein Bier aus meinem Taschenvorrat für Landgänge. Vielleicht heitert es ihn ja auf.

Abendessen. Wie immer werden Unmengen von Zwiebeln geschält. Die Zweite Generation macht jetzt endgültig schlapp, die Gaskartusche ist leer. Uns fällt der »Backup«-Kocher aus der Backskiste ein, der Trangia-Sturmkocher. Er heizt mit Spiritus, das Zeug ist vermutlich auch einfacher zu erwerben. Mit diesem Gerät kann man jedenfalls problemlos drinnen kochen und es heizt nebenbei die Kajüte etwas auf.

Beim Einschlafen entfalten die Zwiebeln dann ihre verheerende Wirkung. Den Niedergang lassen wir sicherheitshalber offen, damit explosive Gase ihren Weg in unseren Wintergarten finden können. Unter solcherart erschwerten Bedingungen schlafen wir ein. Und trotz der Kälte bleibt es im Inneren *Moppel*s schön warm.

Freitag

Die Mörder-Kreuz – Der Ritt über das
Unterwasserschwein – »Psycho« auf Fyns Hoved

Das Wetter lacht uns vierkant ins Gesicht, als wir zur Verrichtung der morgendlichen Tätigkeit aufstehen. Es bläst recht nett, die Sonne scheint dabei munter vor sich hin. Langsam läuft der Tag an, es gibt erst einmal einen Kaffee. Auch die Thermoskanne wird aufgefüllt, es sieht nach einem anstrengenden Tag mit einer Mörder-Kreuz aus.

Im Hafen wird gerade ein Schiff gekrant, hinten sind einige Touristen als »Sehleute« aufgestellt und auf dem Steg schräg gegenüber hat sich ein deutsches Ehepaar beim Frühstück im Deckshaus ihres Motorseglers kräftig in den Flicken. Gutturale Ur-Laute dringen an unsere Ohren, verständlich ist leider nichts. Nach heftigem Gefecht verziehen sich beide, er taucht nach vorne ab, sie bewegt sich in die Achterkajüte. Unser Vorschlag: Sollen die sich doch einen Katamaran kaufen, dann kriegt jeder einen eigenen Rumpf. Ein toller Schiffstyp für Beziehungsgestörte.

Bomber und ich machen das Boot klar. Da überall Schilder stehen, dass an den Stegen kassiert wird und der Hafenmeister an seinem Kabuff auch noch ausdrücklich darauf hinweist, vertrauen wir auf diesen Hinweis. Trotzdem machen wir uns auf die Suche, aber weder in seiner Bude noch sonstwo ist der Havnevogt zu finden. Und im Shipstore bedient heute eine ältere Frau, unsere Traum-Blondine scheint sich zu Hause zu pflegen oder hängt gerade beim Friseur ab. Wir hätten sie sonst sicher als Beute mitgehen lassen, ganz wie zu guten, alten Piratenzeiten...

So legen wir unter Motor ab. Vor Ende des Hafens wird »dem Motör alles viel ssu swör«, das vertrackte Ding gibt den Geist auf. Wir gehen mit der Restfahrt an einen Pfahl, checken unseren Quirl noch einmal ab und verpassen ihm sicherheitshalber einen vollen Tank. Das Reff I wird ins Groß gesteckt, dann geht es unter Segel und Motor raus – leichter gesagt, als getan.

Wir müssen durch die enge Einfahrt vierkant rauskreuzen, mit der Fam und dem Wendeproblem beziehungsweise dem Abfallen nach der Wende ist das nicht ausschließlich unter Segeln zu machen – bei dem Wind und der Welle, die da draußen Kleinstbootfahrern das Leben verbiestern wollen, erst recht nicht. Es weht vier bis fünf, dazu kommen einige pikante Böen. Vor uns steht eine äußerst kurze, aber hohe Welle, es gibt »Hack lang und schmutzig«.

Die enge Einfahrt passieren wir hart am luvwärtigen Molenkopf, dann kommen die ersten Wellen. Auf Steuerbordbug haben wir ein Problem: Die Schraube taucht achtern schon mal aus den Welle raus und schlägt lenz. In unserer Not quetschen Bomber und ich uns ganz nach achtern auf die Backskiste, damit das Heck im Wasser bleibt. Auf Backbordbug geht alles glatt, keine Auffälligkeiten. So schieben wir uns meterweise vom Ufer weg. Kurz nach Passieren der Molenköpfe machen wir dann den Motor aus und fahren erst einmal unter Groß weiter. An das Setzen der Fock ist wegen des Windes zunächst nicht zu denken.

Der Kurs ist simpel: Stinke immer gegenan. Ziel ist es, gegen den Nordnordost anzukreuzen, bis wir Æbelø runden können.

Danach soll es dann auf einem Halbwindkurs in Richtung Osten »abglitschen«.

Nach einer Stunde konzentrierten Segelns kommt Resignation auf. Die Crew gibt sich missmutig und der Navigator verbreitet nicht gerade »positive Wellen«, während der Skipper versucht, aus der verfluchten Hackwelle das Beste zu machen. Wir gewinnen kaum Höhe. Die Huk von Æbelø liegt noch in weiter Ferne. Also halten Bomber und ich einen Krisenrat. Wir überlegen, »homeward bound«, Kurs auf Fredericia zu nehmen. Aber dieser Kurs ist auch kein Anlieger, wir müssen hier auf jeden Fall ein paar Kreuzschläge dazwischenschieben. Im Klartext: So oder so, kreuzen müssen wir, nur in Richtung Fredericia sind längere, entspanntere Schläge möglich. Aber es bleibt bei beiden Alternativen erst einmal beim Am-Wind-Kurs. Die Entscheidung Fredericia und Kleiner Belt versus Kerteminde können wir ohnehin zunächst verschieben, wir müssen erst einmal Luvraum machen.

Die Wenden werden immer professioneller, wir rollen unser Gefährt schließlich perfekt durch Wind und Welle. Bomber muss wieder dran glauben und kriegt die Story von Thomas erzählt. Dieser Nichtsegler, der sich lediglich um unsere Versorgung auf der Kieler Woche kümmern sollte, hatte ein Angebot, kurzfristig ein verunfalltes Besatzungsmitglied auf einem anderen kleinen Kielschiff unserer Klasse zu ersetzen. Wir erledigten mit unserem Schiff den Job für die anderen, ihn »einzusegeln« und wollten ihn im Schnellsiedeverfahren zumindest zu trimmbaren Ballast ausbilden.

Wir erklärten ihm auf einem gemächlichen Raumschotkurs erst einmal den Regattakurs. Da wir zufällig alle auf der Luvkante saßen, gingen wir verbal nahtlos vom Start zu ersten Wende über und wollten ihm den weiteren Ablauf an der Kreuz erläutern. Dummerweise kapierte er es nicht, also versuchten wir es in einfacheren Worten

»Zuerst hängst du hier auf der Luvkante so weit vorne, bis der Hintern fast abrutscht. Okay?«

»Okay, so wie jetzt?«

»Jau, Hintern gerade noch an der Kante. Dann heißt es ›Klar zur Wende‹ und du machst dich fertig. Nach ›Ree‹ kippt der Kahn auf unsere Seite und du bewegst deinen Arsch zur anderen Bordwand, Füße raus und weiterleiden! Okay?«

»Okay! Also so?«

Bevor wir ihn daran hindern konnten, war er aufgesprungen, hechtete zur Leereling und streckte die Füße blitzartig ins vorbeigleitende Wasser. Der Sog riß ihn unweigerlich zwischen Deck und Relingsdurchzug hindurch, hinein in das nasse Element. Seine Hände konnten gerade noch eine Stütze greifen und sich festkrallen. Bevor er völlig von der Bordwand weggerissen wurde, packte ich ihn am Kragen seiner Jacke wie ein Karnickel und hievte ihn ins Boot. Danach legten wir ihn trocken und beschränkten uns auf ein, zwei mündliche Hinweise zum Spibergen und Bilgereinigen.

Nach einer Meile Kreuzerei kriegen Bomber und ich dann die Faxen. Schluss, aus: Wir laufen noch weiter ab, dann kommt die nächste Wende – eine mehr nach unzähligen anderen. Aber Generalkurs Ost ist wieder das Ziel. Und wenn wir diesen verdammten Kahn in Klump fahren! Zwischendurch peile ich spaßeshalber mit unserem Kompass den Wendewinkel und man mag es mir verzeihen, dass ich hier den Wert verschweige. Es wäre zu bitter und einer muss schließlich auch *Moppel*s Ehre zumindest halbwegs retten.

Um es kurz zu machen: Wir brauchen für die drei lächerlichen Meilen von Bogense zur Nordspitze von Æbelø geschlagene dreieinhalb Stunden. Zwischendurch ergab sich ein paarmal die Chance, die Fock zu fahren, aber letztendlich blieb es dann wieder schnell beim gerefften Groß, da die Böen nur maximal eine Viertelstunde aussetzten. Wir passieren schließlich die Huk von Æbelø. Und gehen erst einmal in die ruhige Uferzone an der Ostseite, um unsere Wunden zu lecken. Die ganze Zeit hatten wir von Wurst und Brot geträumt, also pellen wir uns aus dem Ölzeug und holen Kocher, Kessel und Vorräte hervor.

Dank der Sonnenstrahlen leisten wir uns ein Luxusleben nach Art der Leguane: »Leg dich auf einen Stein und taue bis zur normalen Betriebstemperatur auf.« Endlich gestatten wir uns den Griff zur Soundmaschine und in die Futterbox. Statt Hartwurst gibt es die klassische Fremdenlegionärsration, nämlich Ölsardinen mit Brot. Das Essen bringt uns nicht nur körperlich, sondern auch stimmungsmäßig wieder nach vorne. Die Kreuz war voll daneben. Das ist wieder der vielzitierte große Nachteil der Fam, sie läuft keine Höhe.

Relaxed gehen wir in die zweite Runde. Vorbei am Flach, raus aus der Bucht, Richtung Nordwesten. Plötzlich kratzt es verdächtig am Schwert – sofort abdrehen, auf Gegenkurs und weg. Grund! Ich checke eiligst den Standort durch Peilen: Er ist der Karte zufolge sicher, wir müssten hier eine ausreichende Tiefe haben. Die Peilungen sind auch sauber, da ist nichts falsch. Okay, dann haben wir eben Pech – die Versandung scheint hier erheblich größer zu sein, als sie in der Karte ausgewiesen ist.

Alles erinnert an heimatliches Segeln, denn das Hausrevier der Fam, das Steinhuder Meer verschlammt immer mehr. Und wie lautet noch – quasi als Steigerung – das Stoßgebet aller

Steinhuder Regattasegler: »Bloß nich' Dümmer, ich hab' ein neues Schwert!« Der Dümmer ist nämlich ein noch flacherer See als das Steinhuder Meer. Wäre es nicht zu kalt, könnte ich mich hier sogar zu Fuß durch das Wasser schlagen und mir die Sache von Land aus ansehen.

Wir gehen auf Nummer sicher, trotz des Privilegs eines aufholbaren Schwertes. Und auf Faxen verzichten wir völlig. Fressbox und Thermoskanne verschwinden im Eilverfahren in der Bilge. Mit kurzen Schlägen kreuzen wir uns frei vom Flach. Weiter draußen merken wir wieder die kräftige Brise, wir sind raus aus der geschützten Pausen-Ecke. Und endlich gibt's die langersehnte Rutsche: Mit Reff I bei vier bis fünf auf Halbem Wind mit Kurs Fyns Hoved! Auf unseren Gesichtern erscheint ein Leuchten, denn so schnell waren wir noch nie auf diesem Törn. Die Wellenhöhe nimmt zu, wir haben zunächst eineinhalb Meter. Von See aus können wir die Brandung in der Uferzone gut verfolgen, wenn wir uns auf einem Wellenberg befinden. Es sind lauter gischtweiße Kämme, die pausenlos auf die Nordseite Fünens einhämmern. Ein fantastisches Bild. Gut für uns, dass wir hier in immer tiefer werdendem Wasser segeln, das lässt die Welle immerhin doch noch so lang werden, dass die Segelei Spaß macht. Dann kommt noch der Sprung über die Einfahrt nach Odense – mal sehen, wie es da wird.

Wir hängen auf der Luvkante und genießen das Leben. Wider Erwarten läuft die Fam ganz Klasse durch die Buckelpiste. Ein Übriges besorgt der Sound, die Maschine läuft und schmettert aufmunternde Weisen zum Mitgrölen in den Äther. Auch wenn man hier so richtig arbeiten muss, bleibt genügend Zeit für die geliebte Lakritze oder eines der vorbereiteten Brote. Weiter draußen bolzt sich ein Motorsegler durch die Wellen, wir können erkennen, dass uns die Besatzung durch Ferngläser

mustert. Was müssen wir für ein Bild abgeben! Zwei orange
bewestete, durch die dicken Klamotten kugelrund aussehende
Typen, die mit dicken Backen schmatzend im Cockpit hocken!
Selbstverständlich fehlt Bombers Spezialmütze nicht.

Ich mache mir Sorgen wegen einer Front, die in etwa über
Odense hängt. Hier an der Nordseite haben wir mit einer
Legerwallküste schlechte Karten. Eine bange Viertelstunde,
dann die erlösende Gewissheit: Das Ding zieht vorbei. Wenig
später überlagern sich zwei Wellensysteme, das gibt eine inte-
ressante Kreuzsee. Durch Überlagerung entstehen nette
»Öschies«, der Kahn ist zeitweise völlig von Wasser umgeben,
dabei haben wir kurzzeitig keine Landsicht. Bomber hält sich

prächtig an der Pinne und freut sich. Aber während ich wieder zur Karte abtauche, knallt das Schiff in ein Wellental, irgendetwas rumpelt und grunzt unter dem Bug und Bomber brüllt: »Eh, Paganini, ich hab' ein Unterwasserschwein überfahren!«

Weiß der Geier, was es war, die Tiefe hier reicht sogar für Kümos aus.

Wie das so ist, hin und wieder will man natürlich ein Foto machen, um eine Erinnerung zu haben. Ein Foto ganz im Stil von »Born to be wild«. Mit Bomber und der Mörderwelle als Motiv. So hocke ich mit schussbereiter Kamera in Lauerstellung im Inneren der Kajüte, um sie vor Spray und Salzwasserschäden bis zum »scharfen Schuss« zu schützen. Ich warte, bis Bomber endlich eine Welle hochfährt, dann ist Bomber achtern nur noch vor einer blauen Wand zu sehen! Da ist die Mörderwelle! Ein gigantisches Motiv. Ich reiße die Kamera hoch – vorbei, das Heck hat sich wieder gehoben. Ich versuche noch ein paarmal zum Schuss zu kommen, habe aber kein Glück. Enttäuscht verstaue ich die Kamera wieder in ihrer Hülle. Besonders wild sind wir nicht auf Bilder wie »Kleine Meerjungfrau ohne Meer«, »Claudia ohne Schiffer«, »U- Boot vor Ostfriesland – getaucht« oder »Tierbändiger XY im Bauche seiner Lieben«. Das kann jeder und es ist keine vernünftige Erinnerung an die aufregenden Abenteuer. Vielleicht wäre eine wasserdichte Kamera die Lösung für uns Segler, unser System ist jedenfalls in diesem Punkt verbesserungsbedürftig.

Als das Ufer mehr und mehr zurücktritt, verändert sich die Szenerie. Die Kreuzsee bringt jetzt Einsteiger mit sich. Die Wellen wälzen sich an der Bordwand von vorne nach achtern und auf Höhe des Wants ins Boot. Oder sie rollen an, überlagern sich, klatschen an den Bug und spritzen über das Boot weg. Dick eingemummelt in Ölzeug und verpackt in dicke Feststoffwesten macht uns das nichts aus. Aber die Soundmaschine, die immer noch vor sich hinröhrt, kriegen wir einmal nicht schnell genug aus der Schusslinie, als ein etwas größerer Einsteiger durch das Cockpit schwabbert. Das ist das Aus für Marius & Co.

In der Kajüte tobt das feuchte Leben, der Schwertkasten ist nicht ganz dicht. Ulf B. hielt das Ding in Steinhude immer offen, um den Stand des Schwertes zu checken. Es sah außerdem enorm wichtig aus, wenn seine Verlobte beim Anlegen den aktuellen Stand der Schwertspindel aussang. Wir hatten diese Abdeckung für die Ostsee zugetaped, aber einzelne Tropfen können es eben nicht lassen. Schon seltsam, wie ein Esslöffel Wasser es schafft, das ganze Schiff durchzuweichen. Und so sammelt sich dann eben nach und nach Wasser in der Bilge. Ich verstaue den defekten Radiorecorder und versuche, das eingedrungene Wasser außenbords zu schaffen. Der Schwertkasten bekommt noch einen zusätzlichen Streifen Tape, dann geht es mit einer Tüte Gummibärchen in der Hand wieder an Deck. Die Wellensysteme sind bei gleicher Höhe kürzer geworden, es bleibt eine nasse Sache.

Angesichts unserer mehrstündigen »Verspätung« durch die Kreuz vom Flach weg, scheint es mir nicht angebracht, nach Kerteminde durchzusegeln, zumal sich um uns herum verstärkt dicke Wolken häufen. Odense anzulaufen ist eine schlechte Alternative, da sich der Fjord dorthin noch ein paar Meilen hinzieht. Sollen wir besser gleich nach Kerteminde laufen? Die Buchten im Fjord scheinen mir zum Ankern angesichts möglicher Wetteränderungen nicht sicher genug. Außerdem befinden wir uns hier mitten auf offenem Wasser, die Meilen, die wir für Odense verschenken, müssen wir morgen wieder aufkreuzen. Aber eine Naturbucht bei Fyns Hoved bietet sich an:

Korshavn. Ich bereite die Ansteuerung vor. Angeblich soll es da eine rote Tonne geben, die man mitnehmen sollte. Etwas Rotes ist auch da – beim Näherkommen entpuppt es sich als die Richtungsbake, von Boje keine Spur. Wir genießen beim Ansteuern den Blick auf Fünens nördlichsten Zipfel. Nicht umsonst heißt es, dass Korshavn der schönste Naturhafen Fünens ist. Schließlich sind wir in der Bucht, es ist 18.30 Uhr. Hier gibt es nicht nur genügend sichere Ankermöglichkeiten, sondern auch mehr als sechzig Stegplätze an einer T-förmigen Anlegebrücke und einer weiteren Brücke mit Heckpfählen. Da wollen wir hin.

Der Aufschießer an einem Pfahl unserer Wahl klappt super – bis auf circa dreißig Zentimeter Distanz zum Pfahl kommen wir ran, dann steckt das Schwert im Schlick. Der Kahn steht. Merkwürdig, in der Box neben uns liegt eine dicke 30-Fuß-Yacht, wie sieht das denn dort mit dem Tiefgang aus?

Nach dem Ritt über die Wellen können Bomber und ich nicht anders: Wir lachen uns halb tot. Nur eine Boxenlänge vom Steg entfernt und dann in der Mocke steckengeblieben! Der Däne von der Yacht nebenan hört das Gelächter und steckt seinen Kopf aus der Kuchenbude. Um nicht mit »Le Motör« arbeiten zu müssen, werfen wir ihm eine Leine zu, kurze Zeit später liegen wir friedlich und fest vertäut am Steg. Das Anlegebier haben wir uns heute redlich verdient.

Bevor es völlig dunkel wird, machen wir noch einen ausgiebigen Rundgang durch die Botanik, die Beine müssen vertreten werden, dann soll es da noch ein paar Duschen geben und schließlich ist das hier ein Ort, den man »unbedingt gesehen haben muss«.

Schön ist es hier. »Natür pür.« Wir schlappen durch die Gegend, schmeißen einige Steine ins Wasser und stehen schließlich vor dem nahegelegenem Hotel, um die im Handbuch angepriesenen Toiletten zu nutzen. Das Hotel ist geschlossen, die Läden dicht, keine Leuchte an, nichts. Entfernt erinnert es an »Psycho« oder andere Horror-Schocker. Zu allem Überfluss schreit noch ein einsames Käuzchen durch die Gegend. Wir sondieren das Terrain. Irgendwo müssen doch Duschen zu finden sein. Aha – es gibt tatsächlich noch Gäste in einem Appartement. Die können wir bestimmt nach Kleingeld für das Münztelefon fragen. Ich klopfe am Laden. Drinnen erstarrt wohl alles, wir können kein Geräusche mehr hören. Schließlich fasst sich der Ehemann ein Herz und kommt zur Tür. Mit kreideweißer Nase fragt er auf Dänisch, was wir wollen. Es ist vermutlich das erste Mal gewesen, dass hier ein lebendes Wesen einfach so geklopft hat. Nachdem er den Schrecken überwunden und seine Frau den Herzschrittmacher wieder auf »normal« gestellt hat, durchforsten beide ihre Bestände nach Wechselgeld, aber das Ergebnis ist kläglich. Wir müssen weitersuchen. Ciao!

Woher die Kohle für das dusselige Telefon nun nehmen? Die Rettung: ein vorbeifahrendes Auto! Ich springe auf die Fahrbahn und nötige den Fahrer zu einer Vollbremsung.

»Can you change money?«

Einige Brocken Dänisch, ein wenig Deutsch, dann wieder Englisch. Der Fahrer guckt mich sehr lange merkwürdig an, seine Familie glotzt auch so blöd – ich bin doch harmlos, keine Panik! Alle sagen nur »Jo, jo«, brummen vor sich hin, dann wird, ohne dass ein weiteres Wort fällt, Geld gewechselt. Mit einem artigen »Tak« bedanke ich mich, der Wagen fährt an. Ich schaue ihm hinterher: Gelsenkirchener Kennzeichen…

Schließlich wird wieder telefoniert. Wir hätten die alte Weisheit beherzigen sollen: Ruf nie zu Hause an, wenn du im Urlaub bist. Dieses Gesabbel, dieses elende Gesabbel! Heute bin ich dran. Es ist zum Faxenkriegen! Ich kann jedem nur die Lebenserfahrung vieler Weltumsegler nahelegen, auch wenn wir hier nur im Norden Fünens stehen: Wenn du lossegelst, dann lass alles hinter dir, was dich belasten könnte. Bomber und ich schwören feierlich vor diesem schief montierten Fernsprecher am Nordende Fünens, nie wieder auf einer unserer zukünftigen Touren einen Telefonhörer in die Hand zu nehmen. »*To the sharks!*« mit den Daheimgebliebenen, es ist unser eigener Urlaub. Warum sollen wir uns die gute Laune trüben lassen? Wenn die Heimatfront glaubt, sie kann sich alles herausnehmen, dann hat sie sich zukünftig geschnitten.

Frustriert, aber fest entschlossen, knacken wir noch ein Landgangsbier auf und erkunden sozusagen im Vorbeigehen die örtlichen Wasch- und Duschgelegenheiten. Der Gedanke, dass hier tausend Tiere während unseres Duschens an den Badelatschen knabbern wollen, stimmt uns nicht auf eine Reinigungsorgie ein. Weg mit der Hygiene, auf zum Boot! Uns erwartet nach dem Ritt über Wellenberg und Wellental dank der Petroleumfunzel eine gemütliche Atmosphäre, in der wir ganz gemächlich das Abendessen zubereiten. Heute gibt es das »Spezial-*Moppel*-Geschnetzelte«, eine Mischung, bei der eine kleine Handvoll der gekochten Pampe einen Segler nicht nur satt und leistungsfähig macht, es wärmt überdies extrem, hält lange vor und gibt auch bei der härtesten Flaute garantiert Wind.

Nach dem Essen folgen noch ein Blick aus unserem Wintergarten über die mittlerweile stockdunkle Bucht und ein gemütlicher Absacker auf dem Vorschiff: Nichts zu sehen, alles schwarz hier draußen. So fallen wir wenig später müde, aber zufrieden mit uns in die Penntüten.

Samstag

Endlich Flaute und dann kein Wind –
Die Wurst des Grauens –
Lakritzlikör und seine Folgen

Der Tag weckt uns mit hellem Lichtschein. Endlich Sonne, lang und schmutzig! Als erste Heldentat des Tages packen Bomber und ich den Frühstückskram aus, dann setzen wir Wasser auf. Bevor es kocht, machen wir noch eine kurze Fuß- und Fototour um die Bucht. Mit knurrendem Magen erklimmen wir die nächste Anhöhe und genießen die Aussicht auf die Bucht. In dem hellen Morgenflimmern gleißt das Wasser silbrig und zwingt uns dazu, die Sonnenbrillen aufzusetzen. Obwohl es erst kurz nach acht Uhr ist, entwickelt die gelbe Dame am Himmel schon eine immense Wärme. Wir tapsen in unseren Bootsschuhen etwas stokelig über die Pampa und durchqueren eine Menge »Gezücht«, aber dann haben wir auch einen Blick auf das, was uns nach dem Frühstück nautischerseits erwartet. Vielleicht kommt beim Essen noch etwas Wind auf. Sattgesehen geht es zurück zum Steg. Wir bräunen und brutzeln gleichzeitig.

Im Anschluss packen wir alle feuchten Sachen – davon gibt es seit gestern eine Menge – nach draußen und lüften das Boot gut durch. Die Polster werden an die Wanten gebändselt. Das sieht aus, als hätten wir unser Schiff mit Aerofoils ausgestattet. Dem Dänen neben uns verraten wir bei einem kurzen, netten

Klönschnack, dass wir so über dreißig Knots laufen können. Sichtlich beeindruckt schmeißt er eine Runde Sherry, sein Kahnweib beäugt uns beim Trinken dagegen eher misstrauisch.

Bomber kümmert sich um die Backschaft, ich trockne den Kahn von innen. Alles wird hin- und hergeräumt, jeder Winkel des Bootes gereinigt und trockengelegt. Schließlich ist alles wieder am Platz und es kann losgehen. Leider sind wir nicht so schnell wie einige Crews an der Kopfseite des Steges, die sich einfach aus dem Staub gemacht haben. Der Hafenmeister erwischt uns gerade noch rechtzeitig und knöpft uns eine Menge Kohle ab, bevor wir die Leinen endgültig losmachen können. Die Frage ist nur, wofür wir hier bluten müssen. Bei dem Zustand der Duschen sollte man eigentlich noch Kohle rauskriegen!

»Le Motör« treibt uns raus, dann gönnen wir ihm wieder seine Ruhe. Unter Segeln geht es weiter – jede Schnecke hat mehr Speed. Insgeheim hatte ich gehofft, dass der Wind von gestern uns noch etwas begleiten würde, aber genau das Gegenteil ist der Fall. Schade, wir wären mit seiner Unterstützung in einer Tour selbst bei leichtem Wind in einem Rutsch bis Nyborg durchgeballert. Aber man kann nicht alles haben und vielleicht hat der Tag noch ein paar Überraschungen auf Lager.

Das bisschen Puste schläft jedoch vollends ein, als wir die Huk passieren und in Richtung Süden einschwenken wollen. Nach kurzem Abwarten starten wir den Flautenschieber. Bomber und ich wechseln uns mit dem langweiligen Steuern ab, die Motorerei zerrt uns »mental« runter. Ich gönne mir ein Bier, Bomber ebenso. Und dann gönnen wir uns noch eins.

Die Flaute nervt mehr und mehr und »Le Motör« ist auch nicht gerade der Bringer. Zwanzig Minuten Fahrt bei Volllast, auftanken, wieder zwanzig Minuten fahren, so vergeht die Zeit. Die Geschwindigkeit ist atemberaubend lahm, genau das Gegenteil von gestern. Also finden wir uns zwangsweise damit ab und schalten um auf Faulpause. Die Sonne lädt zum Genießen ein. Zeitweise können wir uns sogar mit bloßem Oberkörper bräunen, wohl die letzte Gelegenheit in diesem Jahr. Einige Klamotten lüften an Deck noch einmal durch und trocknen vor sich hin. Stunde um Stunde vergeht. Immer dasselbe. Steuern, tanken.

»Ein Bier, Kollege?«

»Danke, kann ich dir wenigstens ein paar Fliegen totschlagen?«

Irgendwann schreit der Körper nach Aktivitäten. Ausgeschlafen machen wir uns ans Werk: Die Pantry entfaltet sich auf den Duchten mit allem, was die Kombüse an Technik und Vorräten so zu bieten hat. Wir veranstalten eine »Jausezeit« nach der anderen. Die allseits beliebte Hartwurst darf natürlich nicht fehlen, leider ist das aktuelle Exemplar mit riesigen Fettplocken durchsetzt und der Geschmack an ihr vergeht uns bald.

Die Küste bietet auch keine Abwechslung für das Auge. Immer dasselbe Panorama, je nach Lust und Laune mal weiter weg, dann wieder näher dran. Keine Sehenswürdigkeiten, keine Ablenkung, kein Sound.

Da – Romsø voraus! Das Passieren der Insel ist der navigatorische Höhepunkt im Einerlei des Tages! Aber es kommt noch doller: Inmitten dieser elenden Flaute, diesem bleiern dahinschwappenden Wasser taucht ein Schleppverband mit Folkebooten auf. Wir sind schneller! Es muss ein tolles Bild sein: *Moppel* im Licht der untergehenden Abendsonne, zwei sonnenbebrillte Gestalten mit aufgesetzten Walkmen, Bierdosen festhaltend, Marius-Songs singend. Zwar nicht ganz unisono, aber dafür falsch und laut. Den elf Booten des Verbandes »fahren wir nur so um die Ohren« – ab in Richtung Kerteminde. Von weitem ist die markante Silhouette der Hafenanlagen auszumachen, allen voran das weiße Silo, auf welches wir seinerzeit einmal in einer Nacht für eine Kiste Bier hinaufgeklettert waren.

Mitten in der Hafeneinfahrt, gleich nach Passieren des Wellenbrechers, setzt »Le Motör« fast schon planmäßig aus. Wir dümpeln mitten in der Einfahrt vor uns hin, an Backbord die »Rockies« der Mole, weit voraus der rettende Steg. Ein Handbuch hat einen netten Satz abgedruckt, der mir jetzt durch den Kopf schießt: »In Kertemindes großer Marina gibt es genug Platz für Manöver unter Segeln.« Geht das auch ohne Wind?

Uns lässt das nach der Flautenfahrt, die uns absolut geschwächt hat, völlig kalt. Erst einmal lachen wir ausgiebig, danach gucken wir uns die Gegend an, dann tanken wir nach, zum Schluss kommt der Motor an die Reihe. Leise kichernd suchen wir uns ein lauschiges Plätzchen am Steg.

Eine freie Box ist schnell gefunden, das Boot wird abendmäßig hergerichtet und dann schlemmen wir endlich samstäglich-ausführlich in unserem Wintergarten. Zwar stört die Planenkonstruktion ein wenig, aber achtern können wir unsere Köpfe hinausstrecken. Die Füße bleiben warm, denn unten steht unser Trangia-Spirituskocher Kocher und bullert vor sich hin.

Gegen zehn Uhr machen wir uns dann auf den Weg zu den Duschen, ziehen unser bestes Landgangszeug an und stürzen uns frisch »gesteilt« in das Nachtleben von Kerteminde. Wir sind auf der Suche nach einem netten, vernünftigen Laden. Keine kleine Mini-Pinte wie die damals in der Nähe von

Egernsund, wo wir gegen die örtlichen Müllmänner für etliche Runden Bier sportliches Armdrücken vorzeigen mussten. Alle sahen so breit aus wie »Der Name ist Kong, Vorname King«. Für uns Sailormen war es ein verflixt billiger Abend und wir waren auch rechtzeitig wieder raus, bevor die Jungs nach der letzten Runde die Rechnung bestellten. Tja, Bierpreise sollte man besser addieren können. Und eine 21-Meter-Gaffelketch ohne eine einzige Winsch an Bord macht aus Pudding Muskeln!

Die versiffte Hafenkneipe in Svendborg sollte auch nicht unerwähnt bleiben. Immerhin reiht sich die Geschichte gut in die Reihe »Nette Landerlebnisse« ein. Wir waren vierzehn Jugendliche, teilweise noch unter achtzehn, davon sechs ganz brauchbar aussehende Mädels. Und haufenweise pillernde Dänen. Bevor es zur Schlägerei mit einer größeren Gruppe Einheimischer um unsere Bordgenossinnen kam, musste ganz fix ein Plan her, denn die verfluchten Wikinger waren deutlich in der Überzahl, etwa im Verhältnis 1:3,5, bezogen auf die gesamte Crew.

Es war eine glückliche Fügung, dass sich in der Musikbox »Polonaise Blankenese« befand. Wir drückten den Schinken sicherheitshalber mehrfach hintereinander und die Kiste jaulte los. Und so polonaisten wir durch das Lokal: die komplette Crew, alle die Hände auf den Schultern des Vordermannes. Die Dänen waren völlig überrumpelt, begeistert klatschten sie im Takt. Musik löst bekanntlich viele Probleme, so auch hier. Es ging also hin und her, durch den Laden, hinter der Theke vorbei, durch die Küche, zurück, auf die Toiletten – und dann durch das geöffnete Klofenster in die Freiheit. Und weg. Bevor die Dänen wussten, was Sache war, hatten wir schon genug Raum zwischen uns, unserer Rechnung und den einheimischen testosterongesteuerten Gierlappen.

Na ja, und dann war da auch noch dieser Abend mit dem zugekifften und besoffenen Pärchen, das aus dem Rucksack lebte und mit diesen Säcken bewehrt in die Kneipe kam. Irgendwann sah »Sie« ihre Chance zur Hygiene und fing an, ihre Klamotten einschließlich Slip mitten in der Kneipe zu wechseln. Das bekam ihr Macker mit und wurde gierig. Er fing an, ihr den Pullover hochzureißen, dann wollte er an den nackten Brüsten herumfummeln. Die ersten Male griff der Wirt noch ein und störte die traute Zweisamkeit inmitten der überfüllten Kneipe. Er trennte die Beiden und zog den Pulli wieder dahin, wo er hingehörte. Dann warf er den Typen kurzerhand hinaus, griff sich die Mieze, bugsierte sie an die Theke und schenkte ihr und sich einen auf den Schrecken ein. Etwas Hochprozentiges. Und noch einen. Und so weiter. Am Ende waren beide blitzeblau. Sie begannen zu knutschen und schließlich schob ihr der Wirt dann den Pullover wieder über den Kopf und machte sich selbst ans Werk. Wie gesagt, es war eine völlig normale Kneipe, nichts Außergewöhnliches...

Bomber und ich durchkämmen Kerteminde im Eilverfahren. Schließlich ist es Nacht, Infos über den »In-Treff« hier kann man nicht mehr so leicht wie am Tage bekommen. Tagsüber in einer unbekannten Stadt folgt man einfach der Empfehlung eines uns gemeinsam bekannten Aufreißers: »Tschüss, Kollegen, ich geh' mal Haareschneiden!« Wir guckten uns damals alle fragend an und er ergänzte: »Da krieg' ich jede Menge lokale Tipps und Friseusen frei Haus. Keine Zeit, lange zu suchen, muss heute alles schnell gehen...«

So einfach geht das in Kerteminde nun nicht, die Friseure haben zu. Aber nach einer erfolglosen einstündigen Suche landen wir schließlich im »Roden Pimpernel«, vorne Kneipe, hinten Disco. Das sieht aus wie »der« Treff des Kaffs, da müssen wir rein.

Wir stürmen den Laden. Aber wir kommen nicht weit, die Theke zieht uns magisch an. Wo Gewinne sind, gibt's auch Verluste. Wir pfeifen auf weiteren Vortrieb, genehmigen uns die erste Runde und sehen uns um. Es ist alles vertreten. Holzfällertypen mit stämmigen Wikingerbräuten, geschniegelte Figuren, junge und ältere Blondinen, kleine, große, dicke, dünne – alles, was Sailorman so braucht. Hier sind wir richtig. An der Theke ist es für Segler auch relativ sicher: Mit dem Gürtel hängt man sich bei »Seegang« trapezartig an den angebrachten Haken und hat einen festen Stand in allen Lebenslagen. Die nette Bedienung schenkt uns trotz der Hektik ein Lächeln und sorgt für Bier. So vergehen die ersten Runden und der Laden füllt sich

immer mehr. Alle Anwesenden spielen das »Talsperren-Spiel«, sie lassen sich vollaufen. Das ist offensichtlich ein Wochenendsport hier: abpumpen mit Bier und anderem Gesöff. Erste größere Füllstände oder Erfolge sind auch schon auszumachen. Unterdessen stehen Bomber und ich an der Theke, vergeben Haltungsnoten und peilen die Lage. Der Anfang ist gemacht, eine Blondine in Latzhose beißt an und pillert rüber. Bomber hat schon ihre Freundin fixiert – it wörks, wie es im Bordjargon heißt.

Bevor es jedoch zu Aktivitäten kommt, quatscht mich so ein Typ auf Englisch von der Seite an. »*Are you sailors?*«

Er meint, er hätte das an meiner Regattauhr erkannt. Er selber trägt ein ähnliches Modell, welches er »*for fourhundred fuckin' Denish Kroner*« gekauft hätte. Er ist eingefleischter Regattasegler, segelt normalerweise »*fuckin' Ingling*« und ist ein ortsbekannter Freak, einfach gut drauf und breit wie die Axt. Und er lässt die erste Runde auf der Back auffahren. Wir schnacken so über Boote, Speed, segeln und wieder segeln. Er erzählt unter anderem, dass sie nach einer Regatta in Holland die Lufttanks seines »*old fuckin' 470er*« komplett mit »*hundreds of fuckin' Heineken beer*« gefüllt hätten, der Trailer hätte x-beinig an der Grenze gestanden wie ein Hund mit abgeschnittenem Schwanz und wäre nach der Fahrt im Eimer gewesen, meint er. Aber genug Bier hätten sie gehabt! Das war es wert, den »*fuckin' trailer*« in die Tonne zu treten! An diesem Wochenende segelt er die Romsø-Rund-Regatta mit und flucht bitterlich auf den »*fuckin' wind*«. Er erklärt uns weiter, warum die Dänen so selten »Skål« sagen, sondern statt dessen »schkal«. Die zelebralen Störungen treten durch verstärkten Alkoholgenuss ein. Und so steht er da, reißt immer wieder zu Demonstrationszwecken sein Glas hoch und brüllt »Schkal!« quer durch den Raum. Keiner nimmt daran Anstoß, im Gegenteil, das scheint völlig normal hier. Immerhin hat der Rest des Ladens ebenfalls schon beträchtlich die Drehzahl raufgeschraubt. Unser angetrunkener Sailor schmeißt noch eine letzte Runde »*fuckin' Tuborg beer*«, die er genauso wie vorhin bestellt, wünscht uns so etwas wie »Mast- und Schotbruch«, dann schiebt er ab.

Bomber und ich stehen so am Tresen und sehen uns um. Die Latzhose und ihre Freundin sind schon achtern in der »Disse«. Wir fragen uns, warum die alle hier so sternhagelvoll sind und wollen dieses Geheimnis nun ergründen. Anscheinend wird hier ein Spezialgetränk, eine Art Lakritzlikör, schwarz, klebrig und gemein, ausgeschenkt. Diese Suppe ist in einer Baccardi-Flasche abgefüllt, es scheint sich dabei um ein eigenes Erzeugnis zu handeln. Ist die Flasche leer, kommt sofort Nachschub, mit einem Trichter wird die Glasflasche in der Küche aus einem Kanister befüllt.

Wir lassen mal so ein Ding auffahren und testen es. Es schmeckt ausschließlich nach Lakritz, sozusagen selbstaufgelöste Halspastillen pur, der Grundstoff besteht wahrscheinlich aus »Gajol-Halspastiller«. Aus medizinischen Gründen folge ich der Empfehlung des Bordarztes Bomber und wir erhöhen erst einmal unseren Hustensaftpegel, um Skorbut, der Franzosenkrankheit oder Erkältungen vorzubeugen. »Einen könn' wir noch!« Viele »Lakritzliköre« später geht es endlich in die Disco. Der Saal tobt, die Stimmung ist ausgelassen. Leider ist die Latzhose nirgends zu entdecken. So fangen wir dann wieder an der Disco-Theke an. Und noch einen...

Irgendwann verlieren Raum und Zeit ihren Sinn. Und wir decken besser den Mantel der Verschwiegenheit über die folgenden Ereignisse. Es soll wohl noch zu Kontakten mit einer blonden, latzhosenbewehrten Dänin gekommen sein, andere munkeln von einer sagenumwobenen blonden Zahnspange und ihrem eifersüchtigen Freund. Ein paar Unentwegte wollen angeblich gesehen haben, wie ich als Gajol-Power-Panther schließlich Karate-Kid III doubelte, worauf zwei Rausschmeißer einen sauerstoffreduzierten, blau angelaufenen, hustenden Dänen abtransportiert haben sollen. Einig sind sich alle Zuschauer jedoch über den permanentem Gajollikörmangel zweier auswärtiger Segler. Und dann war da noch die Mär von einem still vor sich hinlächelnden Crewmitglied der SY *Moppel*, welches an der Theke darauf wartete, von seinem Skipper wieder abgeholt zu werden. Wie in einem Kaufhaus: »Der kleine Bomber wartet auf seinen Käptn. Er kann an der Zapfanlage abgeholt werden.« Was die Leute eben so an langen Winterabenden ihren Kindern alles erzählen...

Sonntag

Shopping extrem – Brücke? Nein, danke! –
Nachtschicht

Irgendwie werde ich wach, es scheint hell zu sein. Durch die leicht geöffneten Lider dringt Tageslicht und ätzt sich durch die Netzhaut. Die Helligkeit schleift die Pupille wie mit Schmirgelpapier aus. Ganz sachte gehen die Blickrichtungen beider Augen wieder auf Parallelkurs. Der Blick hangelt sich mühsam von Fixpunkt zu Fixpunkt, bis er völlig unvorbereitet aus der Kajütöffnung ins Freie fällt. Shit, der Tag läuft schon!

Das weitere Erwachen geht noch langsamer als zeitlupenhaft vor sich, schließlich fühle ich mich dann wieder soweit, dass ich bewegungsähnliche Handlungen vornehmen kann. Verdammtes Lakritzzeug! In meinem Mund ist ein Geschmack wie am Laternenpfahl ganz unten. Also teste ich vorsichtig, ganz vorsichtig, ob ich zu grobmotorischen Bewegungen überhaupt wieder fähig bin. Dann schnappe ich mir *in slowmotion* meine Kamera und stelle erst einmal eine hohe Blende ein, um meine Augen zu schonen. Der Blick fällt auf den alten Bomber, der da friedlich vor sich hinschnarcht. Foto!

Bomber scheint zu leben. Er sägt sich deutlich hörbar durch den Kerterminder Mastenwald. Immerhin schon etwas, auf das man aufbauen kann. Alles weitere funktioniert dann wie bei jungen Hunden: Ein Knistern mit der Frühstückstüte und schon gehen die Augen auf!

Was als Auge bei Bomber eigentlich konstruktionsbedingt vorhanden sein sollte, kann ich zunächst nicht erkennen. Es scheint sich aber um zwei rotglühende kleine Birnen in seinem Gesicht zu handeln. Von »Auge« keine Spur. Doch auch ohne Sauerstoffzelt oder schlichtes Piesacken wird er richtig wach. Sein »Moin, Paganini« passiert auf dem Weg vom Kehlkopf bis zum Mund nicht nur diverse Reibeisen, sondern scheinbar auch einen Winkelschleifer. Kurze Zeit später muss ich dann in meine eigene Kamera schauen. Foto!

Irgendwie gelingt mir die Flucht ins Freie. Und plötzlich befinde mich vor der Dusche, mit unserer Barschaft und dem Spritkanister ausgerüstet, eingepackt in meine Multitranspirationswäsche. Mein Atem lässt Mücken im Flug abstürzen, mein Blick schwenkt so achtlos in der Gegend herum, dass ich aufpassen muss, dass keiner darauf tritt.

Ich bewege mich in Richtung Tankstelle, schleife meine Augen einfach hinter mir her. Im Kassenhäuschen knalle ich den leeren Kanister auf die Back, lasse die Besatzung antreten und ordere: »Vollmachen, 1:50.« Der Chef will mir noch irgendetwas andrehen, ein Ölgefäß, Sprit, will mich zunächst an die Zapfsäule schicken – ich werde stinkig. »Diskutiert wird nicht, das ist 'ne Tankstelle, kein Teehaus. Also. Ich will hier Sprit, keinen Disteltee, klar?«

Schließlich gibt er auf, schnappt sich freundlicherweise meinen Kanister, geht tanken, mischt die Suppe ab und ich zahle. Alles klar, wir scheiden als Freunde, seine mitleidigen Blicke und die der Kassiererin tun mir gut. Der Tag ist gerettet, der Vortrieb durch »Le Motör« gesichert.

Weiter im Sonntagsprogramm, jetzt die Brödels. Rein in den Bäckerladen! Um mich herum eine edle Atmosphäre, teurer Kuchen und gutgekleidete Leute. Ist mir egal. Weit gucken kann ich zwar noch nicht, aber riechen kann ich mich schon. Die Parallele passt. Den Kanister stelle ich sicherheitshalber auf die Theke, damit keiner gegentritt. Ich bekomme gerade noch »seks Rondstücker« herausgekrächzt. Die Bedienung lächelt verhalten. Mein Kanister macht wohl anständig was her, was?

Ich zahle und die anderen Kunden sehen so betreten aus, als hätte im Laden gerade ein Puma seine Notdurft verrichtet. Verfluchte Transpirationswäsche. Aber Vorsicht! Wenn die hier etwas von meinem Kanister abhaben wollen, dann werden die was erleben. Sollen sie sich den Sprit doch gefälligst selber kaufen. Ich geb' denen nix, keinen Schluck!

So wanke ich schwer beladen durch die helle Morgensonne und komme zum Kahn zurück. Bomber probt gerade wieder den aufrechten Gang. Immerhin, er hat schon Frischwasser gebunkert. Gemeinsam legen wir ohne viele Worte ab. Irgendwie passt der Wetterbericht. Er hatte strichweise Niederschläge vorhergesagt. Stimmt – alle auf den Schädel.

Björn auf Helgoland fällt mir spontan ein, wie ich Bomber da so auf dem Kahn hantieren sehe. Nun, Björn und ich hatten auf dem Fuselfelsen ganz gut getankt. Morgens, nach zwei, drei Stunden Schlaf hieß es auch schon wieder aufstehen. Wir marschierten mit dicken Augen zum Wasch- und Toilettenhaus. Als es an den Heimweg ging, schoss Björn an mir vorbei und meinte noch im Vorüberflug: »Drittes Päckchen, vierter Kahn. Alles klar!« Weg war er. Leider marschierte er schnurstracks auf den mittleren, den falschen Schlengel. Wir lagen aber mit dem Schiff an der Mauer, nicht in der Mitte!

Auf dem dritten Päckchen, Kahn Nummer vier, einer Holzschute, hatte Björn leichte Orientierungsschwierigkeiten. Er sah sich fragend um, dann hielt er inne und man konnte sehen, wie es in seinem Kopf arbeitete. Unvermittelt raste er nach achtern und schaute ungläubig auf den Namenszug am Spiegel. Danach brüllte er quer über den morgendlichen Hafen: »Scheiße, das ist nicht mein Kahn! Wo ist mein Kahn? Ich bring' den um, der meinen Kahn geklaut hat.« Ja, ja, Mami, hol mich wieder heim...

Unter Motor geht es friedlich aus Kerteminde raus. War ganz nett hier – und dabei haben wir uns noch zurückgehalten! Anders als Asterix und Obelix hinterlassen wir lediglich kaputte Gläser, zerstörte Zähne und gebrochene Herzen. Wir haben bei weitem kein ganzes Dorf in Schutt und Asche gelegt.

Der Blick geht nach vorn. Es weht eine leichte, laue Brise, alles ist perfekt gestylt nach der Urlaubsmaßgabe »Sommer, Sonne, Wind«. Leider passt die Richtung nicht ganz in unser Konzept. Auch ist abzusehen, dass der Strom im Großen Belt irgendwann in nächster Zeit kentern wird. Alles riecht nach Arbeit. Aber wir werden ja sehen, was passiert. Das Tagesziel ist mindestens Lundeborg, ein kleiner und gemütlicher Hafen an der Ostseite Fünens, fast »gegenüber« von Lohals auf Langeland.

Wir beginnen erst einmal mit der Wiederbelebungsphase: den frischen Brödels, »Kaffe« – was Besseres gelingt uns heute nicht – und einem Sonntagsei. Dann setzen wir die Segel und legen los. Uns überholt eine Segelyacht unter Motor, während wir nochmal »Kaffe« aus der Thermoskanne verklappen. Die Besatzung hockt in der aufgespannten Kuchenbude, dick verpackt in Jacken und Pullover. So prosten sie uns zu und wollen wissen, ob wir nicht frieren, da wir nur T-Shirts anhaben. Nun, das einfache Leben auf unserem Kahn stählt. Wir sind im Laufe des Törns abgehärtet worden, die weiche Zivilisation ist weitgehend von uns abgefallen.

Bomber legt sich nach dieser Begegnung erst einmal wieder ab. Ich genieße den leichten Wind und werde nach reichhaltigem Obstgenuss wieder fit. Zu meinem Leidwesen kommt der Wind auch jetzt fast von vorne, ein Ostsüdost bläst auf zur nächsten Kreuz! Die Höhe, die wir machen, ist Fam-traditionell nicht gerade prall. Zunächst schaffe ich etwas weg, indem ich uns von der Küste freisegele, dann zieht mich beim nächsten Schlag leichter Strom hart unter Land wieder etwas weiter. Genau kann man hier zur Zeit nichts kalkulieren, der Wind dreht wechselhaft, der Strom hat sich noch nicht konstant eingependelt. Immerhin ein schwacher Trost, dass es schönes Segeln ist, jedenfalls für Leute, die Kaffeesegeln mögen.

Gegen ein Uhr höre ich unter Deck ein Rascheln und Krächzen, der Kahn wackelt. Bomber wacht wohl gerade auf. Im Niedergang erscheint auch tatsächlich sein Gesicht. Er sieht topfit aus und das ist mir ein Beispiel. Während er meinen Posten übernimmt, lege ich mich auch einmal ab und genieße ein kleines Nickerchen.

Ereignislos vergeht die Zeit. Die Schläge sind endlos lang. Hin, her, mal mitten im Belt, mal mit dem Ufer zum Greifen nah. Aber nach einem späten Mittagessen, einem reichhaltigen, warmen Mahl, sind wir wieder komplett restauriert. Der Satz »Auf See wird nicht gekocht« ist selbst auf unserem Kleinstdampfer Unsinn. Geht alles, wenn man nur will, und eine warme Mahlzeit macht jede Crew doppelt und dreifach fit. Für Puristen: Es hat bei uns auch keiner gekleckert!

Unser »Tafelsilber« wird gesäubert, dann ist es endlich soweit: Aus dem langgezogenen Strich am Horizont und den Pfeilern, die ausehen wie Yachten, die ihren Spi gesetzt haben, ist die Brücke über den Großen Belt geworden! Zumindest das, was gerade so im Bau ist. Imposant sieht sie aus der Distanz eigent-

lich noch nicht aus. Doch je näher wir kommen, desto mehr sind wir davon beeindruckt, wie gigantisch die Storrebælt-brücke, die Fünen und Seeland einmal verbinden soll, jetzt schon wirkt. Die Arbeiten an der Verbindung zwischen Nyborg und Sprogø, der kleinen Insel mitten im Belt, sind bereits abgeschlossen. Ein großer Teil der Ostbrücke ist ebenfalls schon fertig. Es fehlt »nur« noch das entscheidende Zwischenstück: die Hängebrücke, die mit 1,6 Kilometer Länge die weltweit zweitgrößte Brücke ihrer Art werden wird. Ein Wahnsinnsbauwerk, zumindest optisch.

Mit immer kürzeren Schlägen kreuzen wir uns ran. Unter Land wird der Strom schließlich konstant, das System hier im Großen Belt hat sich wohl wieder eingependelt. Es strömt mittlerweile mit mindestens zwei Knoten nach Norden, unter Land hämmern wir dann schließlich in einer starken Neer- beziehungsweise einer Art Gegenströmung auf die Brücke zu.

Die geplante Durchquerung des westlichen Brückenab-schnittes wird mit *Moppel* »nicht ohne« werden, wir müssen fast schon genau gegen den Wind hindurch, dazu der Strom gegenan und Welle leicht schräg zum Strom. Für die Fam, diese etwas merkwürdige Konstruktion, ist hier der Härtetest in Sachen Kreuzen angesagt. Ich hatte mich schon gewundert, bis zur Stunde lief dieser ganze Törn viel zu glatt.

Bevor die große Prüfung losgehen soll, haben Bomber und ich noch Zeit für einen Kaffee. Kritisch beäugen wir die einzelnen Pfeiler und starren mit verkniffenen Augen auf die Wellenbildung, die uns Aufschlüsse über die Strömung an den Pfeilern geben soll. Bomber gurgelt noch einmal verhalten den Inhalt seiner Tasse durch den Mund, dann pirschen wir uns an die Brücke heran. Für Kleinfahrzeuge ist hier alles soweit befahrbar, an das Sperrgebiet sind wir in diesem Bereich nicht gebunden. Schwierigkeiten könnte vielleicht die Höhe unseres Mastes machen, trau einer den öffentlichen Zahlenangaben! Aus diesem Grund gehen wir lieber auf Nummer sicher und legen uns auf eine Öffnung zwischen zwei Pfeilern fest, die etwas weiter vom Anfangspunkt der Brücke entfernt ist. Hier sollte auch die Strömung nicht so hart sein oder die kurze Welle vielleicht etwas schwächer ausfallen. Doch weit gefehlt, es scheint sich tatsächlich alles gegen uns verschworen zu haben. So passieren wir erst einmal Pfeiler um Pfeiler und sehen uns alles in Ruhe an.

Schließlich entscheiden wir uns in schöner Einigkeit für eine Durchfahrt: das achte Loch von rechts, das soll es sein. »Le Motör« wird zur Sicherheit angeschmissen, damit wir in der bekalmten Zone der Brücke genug Speed haben. Nun geht es los, Bomber und ich schauen uns noch einmal an, ein letztes Grinsen, dann lassen wir uns vom Neer hinter dem Pfeiler ansaugen. Wir müssen den blöden Pfeiler schließlich in allernächster Nähe passieren, sonst wird aus der Brückendurchquerung nichts. Wir kommen in die Zone, in der geplantermaßen eigentlich wieder Wind sein sollte. Doch *Moppel* hat Schwierigkeiten, der Motor hat nicht die Kraft, uns vorwärtszupushen. Dann fällt endlich Wind ein, aber – verflucht, plötzlich hat der Wind gedreht!

Wir stehen voll im Wind! Nicht nur einfach so, sondern richtig schmierig. Keine Fahrt voraus, es ist nur eine Frage von Sekunden, bis das Boot zurücktreibt. Dank der miserablen Geschwindigkeit und dem Wahnsinnsvortrieb unseres Lustquirls haben wir die Wahl, entweder noch mal abzudrehen oder die Fahrtaufnahme abzuwarten und dabei Gefahr zu laufen, durch den Wind gepuscht und gegen den Pfeiler in Lee gedrückt zu werden. Immerhin fällt der Kahn nach der Wende jedesmal erst auf halben Wind ab, dann nimmt er Speed auf und endlich gestattet er das Anluven. Sollen wir das riskieren? Blitzartig müssen wir uns entscheiden und setzen lieber auf die sichere Variante, wir drehen ab. Der erste Versuch zur Durchfahrt der Storrebæltbrücke ist somit gescheitert.

Bomber und ich lecken unsere Wunden. Wir haben es noch gerade geschafft, vor dem leewärtigen Pfeiler wegzukommen. Viel Platz war da jedenfalls nicht mehr. Wir gönnen uns eine Pause und überdenken noch einmal unsere Taktik. Außen, in Nähe Seelands herumzufahren, scheidet aus zwei Gründen aus: Einmal ist da die Zeit, die uns unter den Händen wegläuft, es geht schon langsam aber sicher auf den Abend zu. Lundeborg wäre zwar so noch machbar. Aber der wichtigere Grund, der uns so langsam aber sicher in den Hafen von Nyborg treibt, ist eine pechschwarze Wand, die sich aus Nordosten heranschiebt. Gutes Argument, so schnell wie möglich den zweiten Versuch zu starten. Und der muss einfach klappen, etwas anderes gibt es nicht.

Lundeborg können wir uns von der Backe putzen.

So bereiten wir alles vor. »Le Motör« kriegt noch einmal einen vollen Tank, auch wenn wir eigentlich noch genug Sprit drinhaben. Rein prophylaktisch legen wir Paddel und Bootshaken bereit, ebenso das NICO-Signal – man kann ja nie wissen. Ein Tröpfchen Iso-Getränk für alle Fälle wird an die Besatzung der *Moppel* ausgegeben. Außer uns turnt noch eine Arbeitsschute herum, die bietet im Fall der Fälle für die Signalmittel ein lohnendes Ziel. Es ist allerdings das einzige Wasserfahrzeug weit und breit, das wir sehen können. Für Puristen: Schwimmwesten haben wir ohnehin schon an.

»Le Motör«, auf der Backbordseite untergebracht, wird so seine Schwierigkeiten haben. Da wir auf Steuerbordbug segeln werden, taucht seine Schraube jedesmal, wenn das Heck auf einem Wellenberg ist, aus dem Wasser und schlägt lenz. Ein Langschaft wäre jetzt die Lösung schlechthin – steht uns aber nicht zur Verfügung. Wir müssen mit dem, was wir haben, arbeiten. Und dank Bombers magischen Motorhänden springt er jetzt auch sofort an, ohne Zicken zu machen. Wortlos gehen wir ans Werk und legen uns auf eine Lauerstellung in Nähe des ausgewählten Brückenloches, wo wir auf eine günstige Gelegenheit warten können.

Der Wind dreht einen Hauch nach links – unsere Chance! Jetzt oder nie. Wir schleichen uns in der ruhigen Neerzone eines Pfeilers so nah wie möglich an »unser Loch« heran. Bevor die Kabbelzone kommt und der Strom wieder voll gegensteht, haben Bomber und ich unsere Positionen im Cockpit etwas verändert. Wir haben beide auf der Backbordducht soweit nach achtern verholt, wie es eben geht, damit die

Schraube auch genug Wasser zum Törnen hat. Wind haben wir zur Zeit keinen, wir sind in Lee des Pfeilers.

Und jetzt, gerade mal wenige Meter weiter, kommen wieder die Wellen und der Strom. Wir werden wie ein kleiner Korken versetzt, wieder auf den anderen Pfeiler drauf. Doch das Höheschinden hat uns erst einmal einen Meter mehr eingebracht als beim ersten Versuch. So bekommen wir den Wind, der sozusagen am ersten Luvpfeiler vorbeistreicht, er schiebt uns in die bekalmte Zone des zweiten Pfeilers hinein. »Le Motör« arbeitet wie verrückt, wahrscheinlich hat das Miststück kapiert, was wir von ihm wollen. Meine Hand zuckt noch einmal zum Gasschieber, um den Quirl auch wirklich auf volle Leistung zu bringen. Aber der Schieber ist schon am Anschlag. Mehr geht nicht.

Die Segel fallen ein, das Boot kippt nach Luv. Hier ist sie, die bekalmte Zone! Der Strom hat uns weit über die Mitte zwischen den beiden Pfeilern hinaus versetzt, der Motor heult noch einmal, die Schraube dreht wie verrückt in der Luft, dann taucht das Heck wieder ein – zentimeterweise kommen wir vorwärts. Die Peilung nach Lee ist noch nicht sicher, immer noch können wir auf den zweiten Pfeiler versetzt werden.

Doch plötzlich krängt das Boot nach Lee, der Wind kommt wieder in die Segel, der Kahn springt an. Wir haben es geschafft, sind aus der bekalmten Zone heraus und machen Fahrt nach vorne. Am Pfeiler in Lee geht alles okeh, wir sind durch!

»Gimme five, Bomber!«

An dem Stein, der uns vom Herzen fällt, könnte man locker die *Gorch Fock* verankern. Oder mit einem Supertanker gegenfahren und eine riesige Ölpest auslösen. Ein Marius-Song fällt uns ein: »Laß uns leben«. Die Soundmaschine ist natürlich immer noch kaputt, doch es geht auch ohne. Wir grölen schauerlich falsch und extrem laut den Refrain, bevor wir uns wieder dem Boot und seiner Umgebung zuwenden. Den Motor machen wir aus, ich binde ihn hoch. Er hat trotz seiner bescheidenen Größe wacker gearbeitet. Dann kann ich mich endlich umsehen.

Hurra, der nächste Stress. An Backbord dreht eine Fähre, von Steuerbord läuft eine andere gerade aus – und wir sind mitten im Fahrwasser der beiden Schiffe, die von Knudshoved aus den Großen Belt queren wollen. Beide haben eine imposante Größe, sie sind so groß wie die englischen Kanalfähren oder mehrere aufeinandergetürmte Fabrikhallen.

Es ist schon recht nett bei uns. Anstatt dass man sich hier eine Minute ausruhen und 'ne Cola aus dem Bilgenautomaten ziehen kann, werden alle Pausen radikal gekürzt. Mit einer »vernünftigen« Yacht wäre alles kein Problem. Einfach Motor an und weg. Aber wir Kleinstbootsegler sind angeschmiert. Jeder Meter aus den Kurslinien der Fähren heraus muss stark erkämpft werden. Ich werde mich bei der Gewerkschaft beschweren. Aber bei welcher? Im Notfall muss eine Kleinstbootskippergewerkschaft gegründet werden, darum werde ich mich als nächstes kümmern. Die Unterhaltung wir auch immer eintöniger.

»Eh, guck' mal, 'ne Fähre!«

»Jahaha, ist gut.«

»Und da noch eine!«

»Ach...«

»Die eine dreht wohl.«

»Schon möglich. Lass uns sie fertigmachen. Die andere rammen wir dann später.«

»Liegt die auch auf unserem Kurs?«

»Welche denn, verflucht?«

Wer nennt so etwas schon unterhaltsam? Reduzieren wir das Ganze auf ironische Art: Nette Ecke hier! Alle Viertelstunde ist in dieser Gegend im Schnitt »action« angesagt, da werden die Touris tonnenweise nach Seeland und zurück geschaufelt. Entweder auf Fähren aus dem regulären Hafen oder auf Fähren aus dem Fährhafen gleich hinter der neuen Brücke. Alle fahren hier mit *full speed*. Gewendet wird vor dem Hafen, wer nicht rechtzeitig wegkommt, hat eben Pech gehabt. Und wem das zum Untergang nicht reichen sollte, dem bleiben immer noch die normalen Kähne und Fähren als Gegner, die in der Hafeneinfahrt von Nyborg rumschippern.

Ich drehe erst einmal ab und gehe hinter der auslaufenden Fähre durch, gerade noch rechtzeitig, bevor die zweite Anlauf nimmt, um rückwärts an den Anleger zu fahren. Wir sind an der Einfahrt vorbei und können uns das Stahlmonster in aller Ruhe ansehen. Riesig, gigantisch hoch zieht der Pott durch das Wasser. Alte Bienenweisheit: Die Fähre hat immer Recht! Auf Sportboote nimmt so ein Fährkapitän so gut wie keine Rücksicht, das weiß ich noch von anderen Törns, die an Nyborg vorbeigingen. Man hat fast schon den Eindruck, dass jede Fähre Jagd auf Segler macht. Die Kapitäne schnitzen wahrscheinlich Kerben für jeden verscheuchten Yachty ins Ruderrad. Trotzdem, kein einfacher Job, auf Zeit durch den Belt zu kacheln. Aber das Problem ist nicht unseres. Zurück zur Realität.

Während wir vor der Hafeneinfahrt dahingurken und uns noch versonnen die dahinschwindende Fähre ansehen, schläft der Wind endgültig ein. Wir parken auf der Stelle und dümpeln mit verdutzten Gesichtern vor uns hin. Bomber denkt ans Abendessen und möchte in unsere Pantry abtauchen. Aber ich halte ihn zurück, will erst einmal noch einen Kaffee ordern. So steckt er im Luk und wir diskutieren über die Speisenfolge.

Während wir noch über die Feinheiten der »Nouvelle Cuisine de *Moppel*« fachsimpeln und fiktive Käsebrote einen verzweifelten Kampf gegen imaginäre Fischkonserven austragen, frischt es binnen Minuten heftig auf.

Muss ich noch erwähnen, dass der Wind auf Ostnordost gedreht hat? Die Wellen nehmen rasch an Höhe zu. Und die schwarze Wand, die sich bis dahin weitgehend ruhig verhalten hat, kommt auch immer näher.

Es wird Zeit zu verschwinden. Lundeborg, unser eigentliches Tagesziel, anzulaufen ist utopisch. Bis dahin sind es noch neun bis zehn Meilen. Hätten wir mehr Wind gehabt, dann hätten wir die verlorene Zeit an der Kreuz noch locker herausgeholt. Mit der Wand im Nacken und den noch abzusegelnden Meilen bleibt uns erst einmal nichts anders übrig, als nach Nyborg zu fahren. Pött und Pann bleiben, wo sie sind, und Bomber taucht wieder aus der Versenkung auf.

Der Kahn prescht los. Während ich dafür sorge, dass wir keinen Sonnenschuss machen, schafft es Bomber, das Reff I ins Groß zu stecken. Dank unserer Konstruktion brauchen wir nicht in den Wind zu gehen. Vollzeug wäre etwas zuviel, auch wenn wir manchmal nach dem Motto »auf die Dauer hilft nur Power« segeln.

Den Hafen kenne ich nicht, an Nyborg war ich bis dato immer nur vorbeigeheizt. Trotzdem, die Vorbereitung steht in groben Zügen. Den Hafen bei Tag habe ich »drauf«, was mir jetzt Sorgen bereitet, ist die schwarze Wand und die damit verbundene Dunkelheit. Bevor es schlimmer wird, tauche ich noch einmal in die Kajüte ab und hole alles heraus, was ich hier für eine Ansteuerung brauchen kann. Dann löse ich Bomber an der Pinne ab. Der Kahn geigt mittlerweile so stark auf der Welle, dass man das Ruder mit viel Kraft führen muss, um ihn auf Kurs zu halten. Unsere Petroleumfunzel steht auch schon gegen die Herrschaft der Dunkelheit bereit, es kann losgehen.

Nach meiner Einschätzung und den Erfahrungswerten der letzten Tage haben wir noch ungefähr zwei Stunden, bevor die Finsternis gefährlich wird. Die Dämmerung dauert normalerweise noch solange, dass wir vorher locker in den Hafen laufen werden. Nur kann ich hundertprozentig davon ausgehen, dass mir diese blöde Wolkenfront einen Strich durch die Kalkulation machen wird. Nach der Geschwindigkeit, mit der sie jetzt rankommt, ist ruckzuck alles in ein unfreundliches Schwarz getaucht.

Zur Sicherheit checke ich noch einmal die Einzelheiten auf der Karte ab, die Feuer und den Fährweg. Bomber liest mir auch noch einige Male die Passage aus dem Hafenhandbuch vor, obwohl ich sie mittlerweile schon auswendig herbeten kann. So passieren wir Lille Knud und die Huk von Slipshavn. Eine Fähre kommt entgegen, die Arbeitsschute von der Brücke überholt uns, ebenso lassen uns eine weitere Fähre und ein kleiner Frachter auf ihren Heckseen kräftig schaukeln. Als ob die Standardgeigerei nicht schon genug Unruhe in unseren Weinkeller zaubern würde.

Wir halsen hinter Slipshavn und passieren die Untiefentonne westlich der Huk. Die Dunkelheit überfällt uns jäh, ganz anders als an den Abenden vorher. Die Wand hat also ziemlich rasch aufgeholt. Trotzdem haben wir noch Gelegenheit, einige wichtige Tonnen zu identifizieren.

Mittlerweile herrscht hier ein reger Verkehr. Fähren kommen sozusagen im Schutze der Dunkelheit aus ihren Löchern, gleich hinter der Untiefentonne Ryggen manövrieren zwei Schiffe. Mächtig voll, hier alles. Unsere Unterhaltung ähnelt wieder der von vorhin.

»Eh, eine Fähre!«

»Und da ein Schiff!«

»Oh, guck mal, ist das ein Kümo, was von achtern ranballert?«

Ich notiere mir insgeheim, das Thema »andere Schiffe« von der Gesprächsliste zu streichen.

Neptun muss wohl noch einmal etwas angeben, Wind und Welle legen einen Zahn zu. Sicherheitshalber bergen wir die Fock. Auch wenn wir einen Raumschotkurs fahren und es natürlich nur mit der Fock auf jeden Fall einfacher wäre, lasse ich das Groß oben, man weiß nie, welche Manöver noch auf dem Programm stehen.

Urplötzlich wird es richtig stockfinster. Nicht einmal der Mond schimmert durch die dunklen Wolken. Bomber setzt unsere Latüchte. Die MagLite zum Anleuchten von Tonnen, Segeln und anderen Schiffen liegt auch griffbereit auf der Cockpitducht. Also hinein ins Schwarze. Bomber bekommt noch eine Bemerkung über die Befeuerung von Hafeneinfahrten und die verheerende Wirkung von Ampeln, Marlboro-Reklamen und anderen irreführenden Dingen, die im Lichtermeer vor uns auf uns lauern. Auch erzähle ich etwas über die gigantische Blendwirkung einer Taschenlampe, wenn sie ins Gesicht eines Rudergängers scheint. Auf dem Rhein hatte mich einmal ein Schubschiff kurz vor der Einfahrt zum Hafen derart mit dem Suchscheinwerfer geblendet und in taghelles, gleißendes Licht getaucht, dass ich völlig blind fast auf eine Kribbe geknallt wäre. Dann plötzlich war das Ding aus und ich sah nur noch kapitale Finsternis. Es dauerte, bis sich die Augen wieder an die Dunkelheit gewöhnt hatten. Und dann fängt mein Vorschoter schauerlich an zu singen: »Ich geh mit meiner Laterne und meine Laterne mit mir.« Richtig melodisch. Dann der zweite – weitaus treffendere – Teil: »Dort oben leuchten die Fähren, hier unten leuchten wir.« Es passt.

Mir ist hier momentan zu viel Schiffsverkehr, also entschließe ich mich, das Fahrwasser zu queren. Laut Handbuch soll man als Sportboot – und ein solches sind wir nun mal – über Avernakke Pynt einlaufen. Dort ist angeblich auch der befeuerte Seglerweg, den ich der Beschreibung nach zu nehmen habe. Nichts wie hin.

Es ist finster wie in dem vielzitierten Körperteil eines gewissen Bären, die vielen Lichter der Stadt und einige unbefeuerte Tonnen machen die Navigation nicht angenehmer, die Lichter sorgen noch nicht einmal für etwas Helligkeit in dieser verdammten Bucht. Wir halten scharf Ausguck nach allem, was sich hier so tummelt.

Ooops! Eine Tonne recht voraus. Gerade noch rechtzeitig können wir ausweichen. Hier stimmt etwas nicht, die Tonne war auf der Karte nicht drauf. Es ist zum Verrücktwerden: Das, was funkeln soll, funkelt nicht, aber das, was leuchtet, ist nicht zu definieren. Also geht es nicht anders als mit offenen Augen und Ohren durch die Nacht zu kacheln.

Vor uns liegt die beleuchtete Mole von Avernakke Pynt, rechts daneben ist die Untiefe vor der Hafeneinfahrt anhand einer großen Brandungszone auszumachen. Satte dreißig Zentimeter (Un-)Tiefe sind bei der Welle selbst für unseren Schlickrutscher ein nicht unerhebliches Hindernis. Genausogut könnte ich auch volle Kanne gegen eine Hafenmole klatschen, der Effekt wäre derselbe. Aber da in der Nähe soll die Ansteuerungstonne für diesen Seglerweg sein.

»Such, Fiffi, such die Boje!«

Der Befehl geht an einen imaginären Bordhund, eine eingezeichnete Tonne muss doch zu finden sein. Wir fahren erst einmal weiter in Richtung Hafen. Das Feuer der Einfahrt müsste eigentlich auch ganz leicht auszumachen sein – im Prinzip braucht man sich nur mit dem Auge an der Mole von Avernakke Pynt vorbeizuhangeln, dann kommen die Einfahrt und das Feuer. Völlig simpel. Kann jeder. Aber außer einigen trüben Straßenfunzeln ist nichts da, das »schwarze Loch« hebt sich noch nicht einmal als megadunkler Fleck vom Rest der Nacht ab. Wir tasten uns vor, an irgendwelchen Schwimmdalben vorbei. Sie scheinen den Seglerweg markieren zu wollen, nur komisch, dass gleich dahinter, wo eigentlich gesegelt werden soll, eine Art Brandungszone anfängt.

Plötzlich lösen sich Einzellichter aus dem Lichtermeer und formieren sich zu einem größeren Objekt: Eine auslaufende Fähre zwingt uns zum Abdrehen. Zwangsweise laufe ich in Richtung Mole von Avernakke Pynt. Im Schein der Lampen lässt sich die Energie der Wellen absehen – das Wasser klatscht nur so an die Mole, die Gischt wird richtiggehend darüber weggefetzt. Wir laufen erst einmal ohne Rücksicht auf Verluste vor der Fähre ab und schießen mit Brassfahrt in den sogenannten Nyborg Fjord. Hier können wir entspannen, bis sich das Fährenballett im Hafen gelegt hat. Wir halten auf halbem Wind die Höhe zwischen einem vertäuten Angelkahn und einer kleinen Styroporboje am anderen Ende des Fjords. In die Ecke fahren wir nicht, es liegen dort ein paar kleine, unbeleuchtete Boote in einem Bojenfeld herum.

Im Hafen scheint es jetzt wieder ruhig zu sein. Bomber und ich haben langsam aber sicher die Faxen dick. Wir freuen uns auf unser Anlegebier und wollen erst einmal etwas essen, die Mägen knurren ihr einsames Lied. Heult da nicht irgendwo ein Hund? Ein Käuzchen würde bei diesem Wind glatt vom Ast gefegt werden, da käme kein Laut aus dem Schnabel. Derart getrieben kreuzen wir uns wieder raus und machen einen zweiten Versuch, in diesen dämlichen Yachthafen zu kommen. So passieren wir wieder den Molenkopf und düsen auf die dusseligen Dalben zu. Immer tiefer geht es in die Bucht, hin zu vollen Mägen, aufregenden Blondinen und dem Anlegerschluck. Dann plötzlich: Ein schwarzer Fleck unterbricht den grauen Streifen, den die Mole optisch darstellt. Das muss die Hafeneinfahrt sein! Nix wie hin.

Wir halten also auf dieses schwarze Etwas zu. Und dann schreckt uns ein gewaltiges Tuten direkt über unseren Köpfen hoch – dreimal kurz: »Meine Maschine geht rückwärts.« Schon schiebt sich ein Stahlkoloss, eine verfluchte Fähre, aus einer Box heraus, genau in unsere Kurslinie, und bildet so ein natürliches Hindernis. Dann sieht man am Bug den weißen Wirbel des Bugstrahlruders. Der Eimer will drehen. Pech für uns. Um nicht auf das Flach gedrückt zu werden, müssen wir abhauen, auf der Stelle halten können wir das Schiff auch nicht. Zum Greifen nah scheint die Bordwand zu sein und Bomber flucht lästerlich zur Brücke hoch: »Wenn ich euren Chef erwische, mache ich aus dem Dampfer hier 'nen Bausatz!« Aber keiner

nimmt ihm das krumm, keiner brüllt: »Komm doch hoch, wenn du was willst!« Schade.

Na gut, der Kahn hat Vorfahrt, und wenn wir den rammen und versenken, dann merkt das keine Sau. Konkret: Vor dem Bug vorbeizuhuschen wäre so ziemlich die dümmste Idee seit Erfindung des Feuers. Blöder Blecheimer!

Wir drehen also ab und schrabbeln hart an der Kante des Flachs in Richtung offenes Wasser, auf Parallelkurs mit der Fähre. Sollen wir mit etwas schmeißen? Weit zu werfen brauchen wir jedenfalls nicht, um die Fähre zu treffen. Abdrehen und Halsen ist auch nicht, an Steuerbord lauern in diesem Drehkreis schon die ersten Grundseen und die Rockies. So laufen wir zwangsweise kurz nebeneinander her, dann haben Bomber und ich den altvertrauten Molenkopf von Avernakke Pynt passiert und drehen friedlich in den Nyborg Fjord ab. Der Klügere gibt nach. Ich kann in Bombers Gesicht sehen, dass er keinen Bock mehr auf den Nerv hier hat, mir geht es ebenso. Na schön, sehen wir mal, was die Natur noch so bietet. Kein Tag ohne Beute!

Wir kreuzen jetzt durch den Fjord, auf der Suche nach einer passenden Boje oder einer anderen Möglichkeit, erst einmal festzumachen. Zunächst finden wir nichts, also gehen wir tiefer in Richtung Leegerwall. Und plötzlich etwas Großes, Gelbes, Rundes – eine Boje, ungefähr achtzig Zentimeter Durchmesser. Auf ihr steht groß »DK«, wohl das Kürzel für »Dansk Seilunion«. Eine kleine Aufmerksamkeit des Vereins, sie uns hier hinzuschmeißen. Danke, Jungs!

Ich passiere sie ein paarmal, dann steht fest: Sie sieht nicht nur solide aus, sondern führt oben einen Roring an einer Stenge, an dem wir locker belegen können. Bomber kommt an die Pinne, damit ich auf das Vorschiff krabbeln kann. Wie eine

Echse winde ich mich zum Bugkorb, um die ständig einsatzbereite Vorleine in die Plicht zu holen. Während ich rittlings im Bugkorb hocke und den aufgeschossenen Bunsch klariere, haut mich eine Welle nach der anderen mit Wasser voll. Die Füße lasse ich im Wasser schleifen, das erfrischt und macht im Sommer einen Heidenspaß. Jetzt ist es Herbst...

Bomber und ich tauschen wieder zurück. Nach dem Vorschiffsrodeo führt die Vorleine jetzt außen um das Backbordwant herum. Auf dieser Höhe will ich auch die Boje treffen, ich möchte nicht, dass Bomber sie vom Vorschiff aus greifen muss. Der Griff aus dem Cockpit heraus ist sicherer.

Es geht zurück zur Boje, ein Beinahe-Aufschießer, Bomber hat den Roring, die Vorleine ist durch, alles klar. Er hält fest und sichert, bis ich wieder vorne zur Klampe geglitten bin und die Leine belegt habe. Im Cockpit peilen wir ein paar Minuten die Umgebung, dann steht fest, dass die Boje zumindest erst einmal hält. Wir bergen das Groß, peilen nochmals, dann verziehen wir uns in die Kajüte.

Drinnen empfängt uns trotz der gewaltigen Schaukelei eine behagliche, fast ruhige Atmosphäre, sozusagen das Gefühl von Geborgenheit. Richtig erholsam. Wir strecken unsere Beine aus und machen eine Lagebesprechung. Ein Blick geht immer aus dem Fenster. Jeder hat ein paar Peilobjekte, die er im Auge behalten muss. Schließlich ist es ja nicht ganz uninteressant zu merken, wann die Boje auf Drift geht und wir ruckzuck wegmüssen. Das Boot geht in den Wellen stark zukehr, es herrscht hier eine hohe, harte, aber relativ kurze Welle. Und der Wind orgelt und pfeift dazu recht ausdrucksstark in unseren Wanten.

Wir knacken erst einmal unsere vorbereitete Thermoskanne und essen eine Kleinigkeit, während wir überlegen, welche Möglichkeiten wir haben. Bomber hat keinen Bock auf weiteren

Nerv, ich stehe auch nicht so auf Krieg mit den Fähren. Überhaupt, drei »Bringer« am Tag sind genug. Wir sind im Moment ein wenig ausgepumpt und wollen unser gehabtes »Schwein« nicht länger strapazieren. Ein weiterer Anlauf auf den Hafen ist zwar grundsätzlich denkbar, aber auch nachts fahren die Fähren im Zehn-Minuten-Takt. In diesem Zeitraum schaffen wir es nicht, vom Molenkopf aus in den Hafen zu rauschen und für andere Aktionen ist es zu dunkel. Immerhin ist ständig ein Blecheimer entweder beim Wenden oder karriolt auf »*stand by*« im Hafen, bis die andere Fähre raus ist. Die ausgelegten Bojen passen nicht zu den Angaben in der Karte.

»Le Motör« ist auch keine Hilfe, der hält den Kahn nicht gegen Wind und Welle. Und das Fahren mit dem Ding ist mangels PS erst recht ausgeschlossen. Lustige Aussichten! Also: Nyborg fällt heute Nacht aus. Lundeborg käme noch als Etappenziel in Frage. Wir diskutieren uns die Köpfe heiß. Es wäre kein Problem, durch die Nacht zu fahren, aber zwei Argumente sprechen dagegen. Zum einen ist es fraglich, ob der Wind noch zulegt oder ungünstig dreht. Das wäre für uns dann eine fatale Lösung, da wir uns an einer Leegerwallküste langhangeln müssten. Schafft die Fam keinen Meter Höhe an der Kreuz, bekommen wir ein Problem.

Zum anderen sitzt uns die Zeit im Nacken. Wir brauchen einen Tag, um das Boot klarzumachen, den Wagen zu holen und auszuslippen, dann noch einen weiteren Tag für die Rückfahrt. Damit ist unser Zeitkontigent erschöpft. Die verflixten Termine in der Heimat schweben wie Damoklesschwerter über unseren Köpfen. Alleine bis Fynshavn bräuchten wir noch mindestens zwei Tage mit dem Boot, dazu käme noch ein Tag Fahrt mit dem Gespann nach Hannover – schlechtes Wetter nicht eingerechnet. Unsere Puffertage haben wir schon

genommen. Abgesehen von den zwei Tagen, die wir in Middel-
fahrt eingeweht waren, haben uns die Kreuz vor Æbelø, die
Flaute ab Korshavn und die blöde Kreuzerei ab Kerteminde insgesamt vier Tage Rückstand eingebracht. Also gibt es kein
Fünen »rund«, sondern ein Fünen »eckig«, bis jetzt jedoch
immer noch eine runde Sache. Doch zunächst müssen wir erst
einmal hier aus der Nummer heraus, bevor wir ein solches
Statement endgültig abgeben können, erst muss der Pott in den
Hafen.

Nach einigem Überlegen und dem Verkosten des Restes in
der Thermoskanne steht die Entscheidung. Wir bleiben die
Nacht an der Boje, obwohl die Wellen das Boot gut durch-
schaukeln und einige Seen glatt über das Vorschiff ins Cockpit
rollen. Morgen wollen wir in den Hafen von Nyborg, dann ist
zwangsweise Schluss. Donnerstag muss ich in Hannover sein,
Bomber hat auch wieder Pflichten in Aachen.

Wir ruhen uns noch ein paar Minuten aus, bevor wir das
Boot für die Nacht vorbereiten. Ich krieche mit unserem
»guten« Festmacher wieder aufs Vorschiff, während Bomber
meine Arbeit aus dem Cockpit überwacht und sichert. Die
Vorleine und die vordere Klampe werden durch diese zweite
Leine entlastet, ich stecke den Festmacher vom Mast zur Boje
und zurück. Der Mast trägt die Hauptlast, die ursprüngliche
Vorleine, die auf die Klampe geht, wird etwas länger gelassen, so
dass sie nicht so hart einruckt und lediglich als Backup-Leine
fungieren kann. Die Segel bleiben klar zum Setzen, das Reff
logischerweise im Groß. Das Großsegel wird mit einem auf Slip
geknoteten Zeising auf den Baum gebunden. »Le Motör« erhält
noch ein Tröpfchen Sprit und wird von Bomber mit dem Choke
derart eingestellt, dass ein einmaliger Zug an der Anreißleine
zum sofortigen Anspringen reichen müsste. Zu alldem werfe

ich noch einen Anker aus, den ich aber mit nur vier Metern Leine zum Vorlauf stecke. Meiner Einschätzung nach haben wir hier keine große Wassertiefe, der Anker soll auch nicht viel halten, er kann im Notfall lediglich die Drift nach Lee vermindern, bis der Motor läuft und das Großsegel oben ist. Immerhin ist das Ufer nicht allzuweit entfernt, es ist die klassische Leegerwallsituation. Wir sollten ein Buch darüber schreiben.

In der Kajüte lege ich mein Kappmesser bereit, die MagLite und das NICO-Signal am Schwertkasten bereit, man weiß ja nie. Gepennt wird in den Stiefeln und in Schwimmweste, Bomber und ich werden abwechselnd Ankerwache gehen. Und die Nationale bleibt zum Trotz draußen. Ich nehme noch einmal eine Peilung von unseren Objekten, dann setze ich mich in die Kajüte und richte mich ein zur ersten Schicht. In unserer Minischachtel läuft es trotz aller Behaglichkeit noch ziemlich rund, Wind und Welle setzen harte Maßstäbe, der Kahn geht gut zukehr. Der zeitweise Blick aus dem Fenster direkt unter die Wasseroberfläche ist auch nicht geeignet, Freude zu verbreiten.

Zwischen der fortdauernden Überprüfung der Peilobjekte mache ich mich über das Logbuch her und schreibe die letzten Ereignisse auf. Die Boje hält ganz prächtig, zur Zeit haben wir keine Probleme. Ein Spruch zu Sturm und schlechtem Wetter aus Ludwig Albrands Rahsegler-Buch »Westward Ho« fällt mir ein: »Auf dem Achterdeck stehen dann wohl die Männer der Wache oder gar ›all hands‹, notdürftig geschützt durch irgendeinen Aufbau, durchnässt bis auf die Knochen, frierend und fluchend, und es ist vielleicht einer da, der einmal ausspeit und grimmig sagt: ›Welch ein Wetter! Gott erbarme sich der armen Jungs an Land!‹«

Ich überdenke noch einmal den Tag und überlege, wo man etwas hätte anders oder besser machen können. Ein guter

Motor wäre so eine Sache gewesen. Von den von mir getroffenen Maßnahmen bin ich überzeugt, dass sie im Ernstfall, also beim Ausbrechen der Boje, funktionieren werden und wir hier brauchbar verschwinden können, bevor das Boot mit lautem Geräusch die Steine am Strand beschädigt. Die Boje scheint zu halten, die Peilungen stehen. Jetzt bräuchten wir nur noch einen, der für uns die Ankerwache geht.

Ich knacke mir eine Dose Iso auf und denke über den Törn nach. Dieses primitive Segeln mit unserem Kistchen ist schon eine Klasse für sich. Es muss nicht immer das aus Zeitung und Werbung bekannte wahnsinnsseetüchtige Schiff sein, ohne das man sich überhaupt nicht mehr irgendwo blicken lassen kann. Klar wollen die Werften und die Zulieferfirmen auch leben. Aber entscheidend sind immer noch Seetüchtigkeit, Geschwindigkeit, Stabilität und die Fähigkeit, an der Kreuz Höhe laufen zu können. Eine Menge Krempel gehört über Bord, das braucht man alles gar nicht, viele Eigner verlassen sich meiner Meinung nach zu sehr auf technischen Schnickschnack, statt auf einfache, robuste Lösungen zu vertrauen. Oder sie machen die Augen zu und denken, was soll da schon passieren...

Ich bin stolz auf unsere Ausrüstung. Nur das Einfache hat Erfolg! Wir haben kein überflüssiges Teil mitgenommen, von Lebensmitteln und Getränken einmal abgesehen. Schließlich braucht man wenigstens da etwas Gutes, Schlemmen hebt die Stimmung.

Ein anderer Motor, ein 4-PS-Langschaft, das wäre eine sinnvolle Anschaffung gewesen. Das Schiff ist stabiler, als ich dachte, und läuft auf halbem Wind recht nett für diese Konstruktion. Kreuzen, das Thema hatten wir schon zur Genüge. Was die Vorwindeigenschaften betrifft, da gilt: »Vor dem Wind läuft auch ein Floß.« Das kann jedes Schiff. Dem

Eigner werde ich aus gewissen Gründen diesen Törn zunächst nicht unbedingt zur Nachahmung empfehlen. Hier draußen ist es schließlich nicht wie in Schillers »Fiesco«: »Ich bin gewohnt, dass das Meer aufhorcht, wenn ich rede!« Hier ist defensive Taktik Trumpf, sonst geht der Törn sozusagen baden. Das Fahren mit kleinen Schiffen ist eine Klasse für sich. Objektiv gesehen mag die eine oder andere Situation nicht ganz einfach gewesen sein. Aber alles war meines Erachtens im kalkulierbaren Bereich, es gab keine richtig bösen Überraschungen. Mit Bomber hat die Geschichte hier super funktioniert. Es gab keinen Streit, keinen Nerv und jede Menge Fun. Und ich habe trotz der Enge immer noch nicht seine Socken versehentlich im Gesicht gehabt.

Mein Blick wandert wieder durch das Fenster an Backbord. Die Lichter der Mole zacken auf und ab, die angepeilten Objekte sind noch alle an ihrem Platz. Der alte Bomber sägt sich wieder mit seiner gigantischen Kettensäge durch einen Mastenwald. Mit etwas Fantasie kann er, in seine Schwimmweste gekleidet, als Heulboje durchgehen. Es ist schon witzig, was einem alles durch den Kopf geht, wenn man an einer Boje schaukelt.

Gegen elf Uhr stelle ich fest, dass die Bucht bewohnt zu sein scheint. Querab, »hinten in der Ecke«, liegt ein kleiner Motorkahn an einer Boje. Angler oder so, denke ich. Innen ist ein Licht angegangen. Auf jeden Fall Menschen! Kurze Zeit später gehen die Posis an und das Boot düst aus der Bucht heraus in Richtung Hafen. Egal, wir bleiben hier. Eigentlich ist es schon komisch. Alle Viertelstunde flaut der Wind ab, dann nehmen die Wellen zu, dreht der Wind auf, nimmt die Wellenhöhe ab. Und so gehen wir in einer unangenehmen Welle *up and down*, auch wenn es gerade mal etwas abgeflaut hat. Jedoch ist dieses Abnehmen des Windes relativ gering, das Heulen im Rigg bleibt und bildet einen netten Kontrast zur Kettensägensinfonie.

Zwischendurch peile ich draußen die Lage und checke das Schiff. Die See sieht interessant aus. Weiße Streifen kommen näher, tauchen aus dem Dunkel der Nacht auf, dann sieht man die Wellen anrollen. Ab und an ein Einsteiger, der über das Vorschiff geht. Aber die Leinen halten, alles ist an seinem Platz. Ich leuchte noch einmal in das Bojenfeld hinein. Keine Lebewesen in Sicht. Na gut.

Es wird Zeit, Bomber zu wecken. Er hat angeblich auch nur mit einem halben Auge gepennt und ist sofort fit. Bevor wir uns an die Arbeit machen, brechen wir einer Tafel Schokolade das Genick. Dann klettern wir in die Plicht, hinaus in das Heulen des Windes. Er sichert noch einmal, während ich nach vorne krieche, um mir noch einmal unsere Vorleinen und den Roring der Boje anzusehen. Es schamfilt nichts, alles ist intakt. Beruhigt gehe ich wieder in die Kajüte, lege mich ab und mache die Augen zu. Kurze Zeit später klötert es heftig am Rumpf. Bevor Bomber mich weckt, bin ich wach und mit einem Satz draußen. Der Baum war etwas lose geworden und schlug im Cockpit hin und her. Das Problem ist schnell behoben, ich lege mich wieder hin.

Irgendwann werde ich wach. Ein Blick auf die Uhr – Bomber hat mich länger pennen lassen, er selber peilt gerade aus dem Fenster. Alles klar. Die Boje hält. Und wenn sie bis jetzt gehalten hat, dann ist der Rest der Nacht auch gelaufen. Wir können beide entspannt in die Penntüten kriechen.

Gegen fünf Uhr morgens werde ich wieder wach. Es klötert sehr laut im Keller, das Schwert klappert im Kasten. Die Welle hat sich auch verändert, zwar noch hoch, aber nicht mehr so hart, die Schaukelbewegungen werden ausladender. Ab und an sind sogar die Fenster für längere Zeit komplett unter Wasser – das Schiff rollt wie Teufel. Wir drehen das Schwert wieder hoch. Es klappert zwar nicht mehr, doch die Bewegungen des Schiffes nehmen zu. Und das Schwert arbeitet sich alle fünfzehn Minuten wieder ungefragt nach unten. So stellen Bomber und ich auf viertelstündliche Kurzschlafphasen um: wach werden, Schwert hoch, pennen, wach werden und so weiter. Aber der Rest der Nacht verläuft ansonsten ohne Probleme und nachdem gegen halb sieben die Welle etwas abnimmt, schlafen wir beide noch einmal richtig ein.

Montag

Das Flach ist flacher als man denkt –
Am Pfahl – Eine Inselrundfahrt

Der kurze Rest der Nacht verlief erstaunlicherweise ruhig, von Wind und Welle einmal abgesehen. Bomber und ich kriechen aus der Kajüte. Es weht stark, die Welle ist aber flach geworden und es lässt sich in dieser Weise schon besser an unserer Boje liegen.

So können wir nun endlich einen Rundblick im Hellen nehmen. Bei Tageslicht macht unsere Boje einen sympathischen Eindruck. Um uns herum scheint die Sonne, auch wenn die Temperatur nicht gerade an einen sonnigen Tag erinnert. Bei Tag erkennen wir achteraus das Land, das uns in der Nacht Kopfzerbrechen bereitet hat. Ein nettes Fleckchen Erde. Wenn es nicht gerade nach dieser speziellen Nacht wäre, dann würde es zum Grillen am Ufer einladen. Ein lustiges Fantasiebild. Jetzt, da unsere Haare fast vom Kopf geweht werden, nehmen wir davon Abstand.

Auch an Steuerbord, in Richtung des beleuchteten Angelkahns, sieht es nicht ganz so prall aus. Sicher, es ist noch eine Menge Platz vorhanden, auch liegen einige kleine Motorboote relativ friedlich vor Anker. Aber gleichzeitig befindet sich weiter hinten ein Bojenfeld sowie ein paar ausgelegte Fischernetze, die heimlich, still und leise vor sich hintreiben. Ich beglückwünsche uns zu der Idee, dort nicht hineingesegelt zu sein. Es hätte sicher wenig Freude bereitet, sich nächtens aus so einem Netz zu schneiden.

An der Mole ist mittlerweile soweit auch wieder alles ruhig, das Wasser platscht dort regelmäßig vor sich hin, ohne gleich alles mit Gischt einzuhüllen. Voraus haben wir einen tollen Blick auf den Belt und die Fähren, die monoton hin und her fahren. Auch bei Tageslicht haben sie optisch eine respektable Größe, die in krassem Gegensatz zu unserer Länge steht. Fast schon ernstzunehmende Widersacher...

Als Frühstück gibt es eine ganze Packung Müsli-Riegel, wegen der Körnerpower! Mehr ist nicht, wir wollen gleich weiter. Den Morgenkaffee wollen wir im Hafen genießen. Gegen viertel nach neun gehen wir ankerauf und Bomber verstaut Leinen und Anker, während ich zum Molenkopf hinaufkreuze.

Wider Erwarten liegt das Boot ruhig, es lässt sich problemlos »handeln«. Und mit dem gerefften Groß läuft der Eimer heute – welche Ironie – sogar leicht höher am Wind als sonst, trotz der Windstärke, die hier so powert. Unser Plus ist, dass der Wind konstant weht, die Böen sind langgezogen und hacken nicht so rein. Es macht fast schon Spaß, sich wieder mal Meter für Meter gegen den Wind hochzukämpfen. Aber auch das ist rasch bewältigt, scheinbar will *Moppel* ebenso in den Hafen wie wir. So passieren wir den Molenkopf von Avernakke Pynt.

Im Hellen ist sie erkennbar, die Ansteuerungstonne für den Segelweg. Natürlich ist sie unbefeuert, den Gefallen, sich an die Beschreibung im Handbuch zu halten, tut sie uns nicht. Es ist eine kleine Boje, sieht mehr nach einer Boje »zweite Wahl« aus. Sie sollte gegossen werden, damit sie noch wächst, so macht sie einen etwas schwächlichen Eindruck. Und das Fahrwasser für Segler liegt jetzt richtig schön deutlich vor uns. Auf halbem Wind segeln wir uns frei vom Flach, dann nehmen wir diesen vorgeschriebenen »Segelweg«. Hand aufs Herz: Wir wollen ihn ganz vorschriftsmäßig absegeln.

Doch auf diesem Weg kommen wir nicht weit, ein Knirschen unter dem Schwert macht mich darauf aufmerksam, dass dieser Weg für den A... ist. Er ist komplett versandet! Wir ziehen wieder hoch und segeln zwangsweise in das Fahrwasser der Fähren. Was für eine Welt: Das Flach ist größer als ausgewiesen, die Markierung stimmt mit der Realität nicht überein.

Aber unser aktueller Weg im Fahrwasser ist fährenfrei. Tief genug scheint er auch zu sein, denn was für die dicken Pötte gut ist, kann für uns nicht schlecht sein. Die Hafeneinfahrt liegt klar erkennbar vor uns. Trotz der kleinen Segelfläche ist unsere Geschwindigkeit tierisch, auf den Wellen fängt das Boot immer wieder an zu rutschen. Somit können wir noch vor einer Fähre ablaufen, die sich aus ihrer Box heraustraut. Jetzt sieht man ja, wo das Flach aufhört und wo noch etwas Platz ist. Die Fähre verfolgt uns, als sie dreht, doch diesmal sind wir schneller! Und so reiten wir auf einer besonders dicken Welle in Richtung Yachthafen.

In der Einfahrt müssen wir noch einmal halsen, dann wird das Wasser ruhig, wir sind drin. Ganz schön eng, die Passage. Ich gratuliere mir insgeheim, dass wir hier nicht nachts reingegangen sind. Wir suchen uns ein lauschiges Plätzchen und fahren einen Super-Anleger unter Segeln. Bomber macht die Vorleine fest, das war's.

Wir relaxen, feuern Schwimmwesten, Ölzeug und Fleece in die Kajüte und hocken uns im T-Shirt auf die Duchten. Erst einmal gibt es das wohlverdiente Anleger-Bier. Zum erstenmal seit gestern Abend kein Stress, keine Schaukelei. Wir lassen uns die Sonne auf den Pelz scheinen. Vor dem Hafenbecken tobt das Leben – Fähren, Wind und Welle, aber uns kann das nicht mehr belasten. Das Bier schmeckt doppelt gut, ebenso wieder die mittlerweile so verhasste Fettwurst. Wir fühlen uns wie Warane oder Leguane, nach der kalten Nacht tauen wir in der Sonne richtig auf.

Jetzt ist auch wieder Zeit für ein paar Fotos, schließlich müssen wir wenigstens noch mal eine dieser verdammten Fähren knipsen. Ich kann Bomber gerade noch zurückhalten, er will sich so einen Fährschiffskäptn vorknöpfen und sucht schon mal nach Argumentationshilfen wie Bootshaken und so.

Das Frühstück artet aus, wir machen daraus eine gigantische Fressorgie, gleich hier am Pfahl. Schließlich verpacken wir den Kahn richtig ordentlich in eine Box. Mit dem Kultur-Rucksack in der Hand bewegen wir uns breitbeinig wie die alten Kap Hoorniers zu den Duschen. Ausgiebig genießen wir das heiße Wasser und werfen uns so richtig in unsere gute Landschale. Beim Hafenmeister ist noch geschlossen, aber das hat ja noch Zeit. Vorrangiges verdient eine vorrangige Behandlung: Die erste Pölserbude, gleich hinter dem Yachthafen ist unsere. Wir sind die ersten Gäste heute. Eine Horde stinkender Kuhtreiber nach einem langen Trail könnte nicht schlimmer bestellen als wir. Aber die dänischen Pölser sind eine Wucht und nach so einer Nacht schmecken sie ganz besonders gut.

Dann kommt der obligatorische Rundgang durch die Stadt. An Sehenswürdigkeiten gibt es genug, ob blond oder im Reiseführer verzeichnet. Allein schon die Reste des alten Staatsschlosses und die Wallanlagen sind eine Schau. Hinzu kommen die alten Straßen mit den Fachwerkhäusern, kurz: Überall gibt es sehenswerte Ecken und Winkel. Selbst der Hafen wirft bei Tageslicht ein nettes Bild. Klar, dass die alte historische Zollbude noch für ein »Ich-war-hier-Foto« herhalten muss.

Eine Buslinie quer über die Insel ist schnell ausgemacht, immerhin müssen wir heute noch den Trailer und den Wagen holen. Und da wir noch etwas Zeit haben, können wir uns noch einen Kaffee in einer Art Bistro gönnen. Es sieht für den frühen Nachmittag schon recht einladend aus, also entern wir auf und betreten den Laden. Es dauert gar nicht lange, da kriegen wir einen Koller: Die Luft ist hundsmiserabel. Wir sind einfach keine gute Kneipenluft mehr gewöhnt, hier ist es für uns lediglich total überheizt, stickig und letztendlich nervend. Wir sind froh, als wir den Kaffee weggeputzt haben und gehen können.

Es folgt der Sightseeing-Teil: Wir nehmen den Bus nach Bøjden. Von dort geht eine Fähre genau nach Fynshavn. Die Verbindung klappt super, der Nahverkehr funktioniert blendend. Und so düsen wir quer über die Insel und bekommen in diesem Vehikel einen netten Eindruck vom Land und von den ansässigen Insulanern. Der Bus scheint hier ein beliebtes Verkehrsmittel zu sein und obwohl er in jedem Flecken hält, kommen wir gut vorwärts. Alle Fenster sind auf und wir schnuppern frische Landluft. Oder sind unsere Nasen nach der kurzen Zeit auf See empfindlicher geworden? Immerhin, die Busfahrt macht Spaß und wir gewinnen *en passant* einen Überblick über den mehr oder weniger repräsentativen Querschnitt der Blondinendichte in den einzelnen Dörfern.

In Fåborg haben wir dann wieder den Blick auf die Ostsee – es kachelt wie Teufel. Das wäre für unsere Fam mehr als zuviel Wind, irgendwo sind nun mal die Grenzen unseres Kahnes erreicht. Draußen segelt auch sonst keiner mehr. Uns hätte das Warten auf besseren Wind noch einen weiteren Tag gekostet, unser Zeitplan wäre völlig hintenübergekippt. Es tut gut, eine Entscheidung im Nachhinein auf solche Art noch einmal bestätigt zu bekommen.

So erreichen wir Bøjden und den Fähranleger. Terror in Tüten – ein Bus mit deutschen Kaffefahrern muss unbedingt mit. Wie eine Horde Schmeißfliegen fallen sie über die arme Fähre her, bevor wir das alte Gebet sprechen können: »Gott bewahre uns vor Sturm und Wind und Deutschen, die in Urlaub sind!«

Bomber und ich sind jedenfalls schneller als die Butterfahrer, wir nehmen die Beine in die Hand und rennen die Gangway hoch. Bevor die Menschenmenge das Restaurant erreicht hat, sitzen wir schon am besten Fensterplatz und genießen unseren Kaffee. Das Rennen hat sich geloht, die Bedienung lächelt – noch – freundlich und wir klönen etwas, bevor die ersten »Bushörnchen« laut polternd den Speiscsaal einnehmen.

Es geht los, die Fähre setzt sich in Bewegung. Hier haben wir nun die erhöhte Aussicht über das Stück Ostsee, das wir am ersten Tag überquert haben. Es sieht aus dieser Perspektive etwas anders aus, die Fähre arbeitet sich durch die Wellen. Die Fernsicht ist hier wesentlich besser als auf unserem Kahn und ich spiele mit dem Gedanken, eine Art Krähennest auf *Moppels* Mast zu installieren. Bevor wir jedoch detaillierte Pläne ausarbeiten können, lässt neben uns ein Kaffeefahrer eine äußerst abgeschmackte »Berliner Luft«-Imitation los. Das Gekreische seines Publikums erreicht einen neuen Lautstärkehöhepunkt. Wir müssen raus an die frische Luft.

Oben an Deck schießen wir noch ein paar Fotos, zum Beispiel »Ostsee von oben«, »Fähre mit und ohne die *Moppel*-Crew. Dann erreichen wir Fynshavn. Gemächlich schlendern wir vom bereits bestens bekannten Fähranleger zum Havn. Die kleine Katze vom ersten Morgen streunt durch die Gegend. Es wäre vielleicht interessant, sie zu fragen, auf welchem Reifentyp es sich am besten schlafen lässt. Leider kann sie nicht antworten und bevor wir sie locken können, verschwindet sie in einem Busch. Dann stehen wir nach fast zwei Wochen wieder vor unserem Auto und dem Trailer. Kein Havnevogt in Sicht, bei dem wir uns bedanken können. Immerhin hat unser Krempel keine Schramme abbekommen. Kein schlechter Ort.

Wir spannen an und geben Gas, zwei Stunden Fahrt liegen vor uns. Es ist ein merkwürdiges Gefühl, wieder so schnell und komfortabel vorwärtszukommen. Selbstverständlich werden beim Überqueren der Lillebæltbrücke Erinnerungen wach. Aber ansonsten hängen wir zufrieden und träge in den Sitzen. Es ist bereits dunkel, als wir in Nyborg ankommen. Nach einiger Sucherei finden wir in Nähe des Slips einen Platz für das Gespann. Dann wandern wir noch einmal zur Hafeneinfahrt. Die Feuer sind aus, die Lampen zerstört, traurig hängen die Reste herunter. Wir hätten die ganze Nyborg Bugt nach Bojen absuchen können, ohne eine einzige zu finden. Der Segelweg ist unbeleuchtet, die restlichen Bojen nicht erkennbar. Feine Sache, Segler so »blind« durch die Gegend karriolen zu lassen! Wieder ein Fall für die Kleinstbootskippergewerkschaft.

Bomber und ich tapsen weiter in den Ort, um noch ein Tässchen Schlummifix zu trinken. Aber es ist alles tot hier. Unser Bistro vom Nachmittag hat sich leider zu einem U-18-Treff – einem Nest für jüngere Jugendliche – gewandelt. Laute Musik ist nicht gerade das, was wir jetzt suchen, und den Spruch »Jetzt kommen sie schon zum Sterben hier rein!« brauchen wir uns von den Milchtüten nicht an den Kopf werfen lassen.

Werktags sind die Dänen eben häuslich, die Wirtshäuser sind dicht. Aber wir finden dann doch noch eine geöffnete Kneipe, eine richtige Kaschemme. Eine traurige Umgebung für das Ende unseres Törns. Trotzdem bestellen Bomber und ich unser Abschluss-Bier. Die Stimmung steigt, als wir erkennen, dass der Wirt noch eine halbe Flasche dieses verfluchten Lakritzzeugs im Schrank stehen hat. Auf die Back damit!

Bomber kommt nicht umhin, mir ein Geständnis zu machen. Als er *Moppel* zum erstenmal gesehen hatte, war seine Stimmung etwas geknickt. Er war mit ganz anderen Erwartungen nach Hannover gekommen. »Aber dann«, so erzählt er, »habe ich gedacht, ich pfeif' drauf und mache den Törn in seiner ganzen Widersprüchlichkeit mit. Und es war einfach geil!«

Ein schönes und passendes Schlusswort für unseren Törn.

Epilog

Dieser Motor schafft mich –
An Land – Das war's

Nach einem kurzen Frühstück gibt es genug zu tun. Bomber kümmert sich um die Kajüte, ich reinige den Kahn von außen. Das Gepäck kommt aber erst einmal in den Wagen, den wir praktischerweise gleich neben dem Steg parken können. Dann taucht Bomber mit Feudel und Pütz in *Moppel*s Bauch. Alle paar Minuten bekomme ich das Profil seiner Schuhe zu Gesicht. Wie ein Schlangenmensch windet und wälzt er sich in der Kajüte herum. Die Schuhe scheinen mir bei manchen gefährlichen Verrenkungen den einzigen Beweis zu liefern, dass er noch lebt: Wer zappelt, atmet noch. Ich plane auch schon die Rettung, falls er zwischen Bootsrumpf und Cockpitboden feststecken sollte: Entweder ziehe ich ihn mit der Großschot aus der Kajüte oder ich werde ihn mit dem Kran aus dem Rumpf extrahieren.

Plötzlich erscheint ein feuerroter Ball im Niedergang – Bombers Kopf, soweit ich das erkennen kann. Inmitten dieses Naturschauspiels röcheln aus einer Öffnung die Worte: »Endlich Luft!«

Ich selber bin von meiner Deckreinigung begeistert. Alles glänzt. Und sag einer, Seewasser sei aggressiv! Er hat in jedem Fall Recht, und das Tolle ist, dass das Salzwasser die Algen am Spiegel abgelöst hat. Einfach mit einem nassen Lappen wischen, und weg ist der Grünfilm des Binnensees. Hier wird jedes Werbeklischee bestätigt.

Dann folgt der Höhepunkt der Wasserspiele: Das Boot ist innen schon sauber und muss zum Ausslippen verholt werden. »Le Motör« hat mich die ganze Zeit so genervt, dass ich ihm zum Abschluss noch eine kleine Lektion erteilen will. Mein Ehrgeiz ist geweckt: Ich werde ihn anwerfen, koste es, was es wolle. »Mr. Magic Engine«-Bomber schicke ich von Bord, ich will das Untier alleine bezwingen. Außerdem soll der Vorschoter die Leinen am gegenüberliegenden Steg wahrschauen. Von Hand ziehe ich mich aus der Box und mache mit der Vorleine an einem der Heckpfähle fest. Jetzt kommt es: Ich stelle »Le Motör« ein und öffne den Sprithahn. Bomber hat sich in der Zwischenzeit mit etwas zu futtern und einem Bier auf der anderen Seite des Hafens häuslich eingerichtet und schaut mir zu. Weiteres Publikum ist eine Horde Kinder, die im Opti segelt, eine Schulklasse oder so. Es kann losgehen, Vorhang auf!

Ich reiße an. Nichts. Der Vorgang wiederholt sich wieder und wieder, die Aktion erstreckt sich unter bissigen Kommentaren vonseiten Bombers und heftiger Flucherei meinerseits über fast eine halbe Stunde. Es ändert sich nichts, lediglich die Flüche und die Motoreinstellungen variieren.

Dann reicht es. Das verdammte Stück hat mich geschafft! Ich gebe auf. Von Hand verhole ich das Boot wieder in die Box und rufe Bomber. Der kommt, greift sich die Anreißleine, zieht einmal kurz und das Ding läuft. Ich bin ein geschlagener Mann.

Wir drehen noch eine Lustrunde durch den Hafen, dann geht es zum Slip. Der Trailer kommt ins Wasser, das Boot wird eingeschwommen, ein letzter Moment noch in der Ostsee, dann ist *Moppel* nach genau 216 Seemeilen wieder an Land. Ein kleiner Hund hoppelt vorbei, riecht an *Moppel*, hebt sein

Bein an einem Pfahl und zieht weiter. Wo, bitte, liegt da der Sinn?

Immer, wenn ein Boot nach einem gelungenen Törn aus dem Wasser gehoben ist und auf dem Trailer liegt, überfällt einen eine leichte Schwermut. Es ist vorbei, sollte man sagen. Aber wie das so ist, möchte man diesen Satz ganz gerne verdrängen, so als könnte man das Boot gleich wieder ins Wasser schieben und die Reise fortsetzen. Nur: Mit jedem Knoten, der *Moppel* an den Trailer kettet, wird uns klar, dass der Urlaub tatsächlich rum ist. Was tun?

Wir hauen rein, springen noch einmal unter die Duschen und setzen uns anschließend mit einem Kaffee an die Steganlage, in dem der Löffel keinen Bewegungsspielraum mehr hat. Zu gerne würden wir noch etwas Bier aufreißen, aber im Hintergrund mahnt die Autofahrt. So bleibt's beim Kaffee, und der tut richtig gut. Die Trauergespenster sind weg.

Später brettern wir über die Autobahn und erreichen Hannover gegen Mitternacht. Anderntags bringen wir *Moppel* nach Cloppenburg zurück – eine Abschiedsszene entfällt wegen eines plötzlich einsetzenden heftigen Regenschauers.

Das war's.

Summa summarum ein gelungener Törn. Bomber will demnächst wieder mit mir in Dänemark segeln, »weil man da soviel erleben kann«, allerdings möchte er einen anderen Motor mitnehmen. So abschreckend war es also nicht. Seine Anregung, beim nächsten Törn ein Schiff zu nehmen, in dem man aufrecht sitzen kann, ist notiert. Wieder Rund Fünen, ganz rum? Da ist der Reiz nicht so hoch, mit einem »normalen« Schiff ist das eine Sache von einigen Tagen, sogar wenn man sich Zeit lässt. Aber auch wenn wir es diesmal nicht geschafft haben, diese vertrackte Insel vollständig zu umrunden, war unsere Idee, es auf eine etwas andere Weise zu versuchen, für uns ein voller Erfolg.

Was bleibt?

Eine schöne Erinnerung, über den Winter das Betrachten der Fotos – und natürlich der nächste Törn.